Silvia Stolzmann
Zwischenwelten

Silvia Stolzmann

ZWISCHENWELTEN

Wie man sich vor negativen Energien schützen kann

Aquamarin Verlag

Deutsche Originalausgabe
1. Auflage 2018

Voglherd 1 • D-85567 Grafing
www.aquamarin-verlag.de

Umschlaggestaltung: Annette Wagner unter Verwendung von
© Bruce Rolff/1489028792 – shutterstock.com

Druck: CPI • Birkach

ISBN 978-3-89427-814-4

Inhalt

Einleitung

Eine Woche lang habe ich immer wieder Erde gerochen, egal wo ich war. Es kam mir sehr merkwürdig vor. Ich träumte sogar von Erde, wie mich die Erde einhüllte, nährte und mir etwas zeigen wollte. Ich hinterfragte das Ganze und bekam eines Tages, in einem medialen Zustand, die Antwort.

Ich merkte, wie ich mich von meinem physischen Körper und sogar von meinem Ätherkörper befreite. Ich befand mich nur in meinem Astral- und Mentalkörper. Ich liebe es, in einem Zustand der Leichtigkeit und Schwerelosigkeit zu sein. Mit meinem Lehrer schwebte ich immer höher hinauf, in die Welt des Universums der Endlosigkeit, der Freiheit, des Lichtes und der bedingungslosen Liebe, die überall herrscht. In diesem Zustand sah ich plötzlich, wie die Erde entstand. Wie sich die Erde entwickelt, wie das Wasser kommt, die Steine zu Felsen werden und wie sich das Land aus dem Wasser erhebt. Wie Mikrokosmos und Makrokosmos miteinander verbunden sind. Wie sich die Pflanzenwelt entwickelt, wie die Tierwelt entsteht; wie sich die Kontinente bilden und die Evolution der Erde voranschreitet.

Wie in einem Zeitraffer sah ich die Erde entstehen. Blitzschnell und doch ganz klar. Mir wurde wieder einmal bewusst, wie alles miteinander verbunden ist.

Die Interpretation über die Entstehung des Menschen, das, was uns zur Zeit gelehrt wird, kann ich nicht teilen. Der Mensch ist ein Produkt von Einwirkungen der Plejaden, von Sirius, von großen Lichtwesen und unseren göttlichen Funken. Alle haben mitgewirkt. Jeder Einzelne von uns. Bis wir Menschenseelen gelernt haben, uns selbst zu materialisieren, willentlich zu inkarnieren und zu entscheiden, wann wir wieder die Erde verlassen.

Wir sind Wesen, die aus der Zukunft kommen und wieder in die Vergangenheit zurückgehen, weil wir unterschiedliche Situationen durchleben, Erfahrungen sammeln, bestimmte Gefühle kennenlernen und erleben wollen. Wir haben das Karma selbst erschaffen, um es zu erkennen, wieder abzuarbeiten und zu lösen. Das heißt, wir sind diejenigen, die bestimmen, wann wir die Erde verlassen und wann wir wieder auf Erden inkarnieren. Wir sind es, die Entscheidungen treffen oder bestimmen, was wir auf Erden erleben möchten, in welches Land, welche Stadt und zu welchen Erdeneltern wir geboren werden; welchen Status wir erleben, ob wir arm oder reich sein wollen und so weiter. Die wichtigste und größte Manifestation ist der Körper, in dem wir auf Erden wandeln dürfen. Ich sah, wie ich mit allem verbunden bin. Mit der Erde, dem Feuer, dem Wasser und der Luft. Alles geht ineinander, alles ist verflochten. Ich verstand auf einmal alles, und es war für mich alles so klar und deutlich. Wir müssen uns nur darauf besinnen und erinnern, wo wir herkommen. Es war für mich ein wunderschönes, unbeschreibliches Gefühl. An dem Tag wollte ich es am liebsten mit allen Menschen teilen.

Jeder weiß, dass die Welt derzeit in einem chaotischen Zustand ist. Es herrschen überall Machtkämpfe. Es werden Lügen verbreitet; so will man die Menschheit verunsichern. Man möchte uns in Angst und Zweifel versetzen und vehement wegbringen von dem, was wir sind.

Wir haben alle die Macht in uns, alles zu verändern. Jeder von uns, auch Du, der Du das gerade liest, trägt die Macht der Liebe in sich, die alles verändern kann.

Solange wir uns Verurteilungen, Schuldzuweisungen und Ängsten hingeben und nur in unserem Ego und der äußeren Welt leben, sind wir nicht frei für die Liebe in uns und können das göttliche Große und Ganze nicht erkennen, wahrnehmen und fühlen. Das Schlimmste, was Du tun kannst, ist, gegen die Angst anzukämpfen. Das ist der Widerstand des Egos in uns. Am besten ist es, dem Widerstand keinen Widerstand zu leisten. Sei Dir seiner nur bewusst. Kämpfe nicht gegen die Angst und das Ego. Du wirst verlieren, sei Dir dessen gewiss. Gib den Widerstand auf. Man kann es auf der ganzen Welt beobachten. Wenn wir Aggressionen mit Aggressionen oder Angriffe mit Angriffe oder Schuld mit Schuld bekämpfen, ganz gleich, ob im privaten Bereich oder in der Welt, dann wird es keinen Frieden geben. Ständig kämpft der Hass gegen den Hass, Aggression gegen Aggression und Schuld gegen die Schuld, denn beide Seiten, in jedem Konflikt, sind überzeugt, dass sie im Recht sind. Der Hass ist letztendlich nur die Trennung vom Göttlichen. Wir entfernen uns immer weiter von unserem wahren Selbst, unserem inneren göttlichen Wesen. Es wird sich nicht viel ändern, denn wir spielen das Spiel mit, das uns aufgezwungen wird.

Die ganze Erde befindet sich in einem Transformationsprozess. Wir sind mitten drin – und es dauert noch einige Jahre, bis die Transformation abgeschlossen ist. Ich lege mich auf keinen Zeitpunkt fest. In dieser Transformation der Erde werden unter anderem die alten Strukturen, Techniken und Systeme langsam verschwinden. Dies teilten mir meine geistigen Lehrer schon 2006 mit.

Es sind Menschen und Tiere betroffen. Bei Tieren geht die Transformation schneller, weil sie mehr und intensiver mit der göttlichen Urquelle verbunden sind. Es werden, so heißt es, Tierarten verschwinden und dafür neue Arten entstehen.

Menschen, die an alten Denkmustern, inneren Barrieren und alten Glaubenssätzen festhalten, werden sich in der neuen, höheren Energie nicht mehr zurechtfinden. Alte Denkmuster und alte Suggestionen werden keine Wirkung mehr besitzen. Auch auf den Gebieten der Heilung, der Energieübertragung oder dem Lebenswandel werden nicht mehr die gewünschten Wirkungen erzielt wie vor einigen Jahren.

Darum ist es jetzt wichtig, sich in Gedankenkontrolle zu üben; seine Sichtweisen zu überdenken und sich der inneren Macht bewusst zu werden. Die Quantenenergien werden jetzt nach und nach für jeden verstärkt bewusst werden. Diese Energien waren schon immer hier, nur jetzt wird das Quantenfeld verstärkt. Darum ist es wichtig, dass ein jeder sich bewusst wird, dass er geistige Macht besitzt. Jeder kann die Quantenenergie nutzen; auch die Nichtwissenden. Es wird die Zeit kommen, wo wir keine Lehrer mehr brauchen, denn jeder wird erkennen, dass er sein eigener Lehrer ist.

Menschen, denen der Transformationsprozess zu viel wird und die vehement an den alten Strukturen und Dogmen festhalten, werden die Erde verlassen, und die Erzengel sowie die Meister der Weisheit werden dafür sorgen, dass sie nicht in der Zwischenwelt hängen bleiben. Alle werden nach Hause gehen und dem Lichtpfad folgen. Sogar die Zwischenwelt wird sich mit der Zeit wieder auflösen, sobald jeder Mensch an seine innere Macht gelangt ist, seine alten Dogmatisierungen und den Widerstand aufgibt und nur noch seinem Herzen folgt.

Bis dahin ist es aber noch ein langer, sehr langer Weg.

Mit der Zeit wird jeder lernen, nicht mehr angreifbar zu sein. Es sollte uns bewusst werden, dass wir die einzigen Herren und Meister sind, die über das Leben, über den Körper und den Geist herrschen. Du und ich bestimmen jeden Tag aufs Neue, wie der Tag erlebt wird, wie wir uns fühlen und was wir denken. Ich werde hierzu nachfolgend noch ein paar Tipps aus meiner eigenen Erfahrung geben, wie ich selbst an mir arbeite und wie ich mit meinem Körper und Geist umgehe.

Die ersten Kapitel des Buches erscheinen Dir vielleicht sehr schwer und dunkel. Es wird die eine oder andere vielleicht sehr negative Emotion in Dir aufkommen, und Du wirst Dich sehr schwer in ihnen fühlen. Es ist für mich sehr wichtig, dass jeder das Bewusstsein bekommt, dass es nicht nur die lichte Welt gibt, sondern auch eine dunkle und sehr negative Welt vorhanden ist.

Jeder weiß, wo es Dunkelheit gibt, entsteht ein Licht, das uns den Weg erleuchtet. Ich werde Dich ganz sanft und behutsam in diese Welt hinein- und dann auch wieder herausführen.

In diesem Buch werde ich Dir einen kleinen Einblick in die Zwischenwelt geben, wie sie aussieht, wie sie entstanden ist und warum die Verstorbenen in der Zwischenwelt leben.

Weiter werde ich erklären, wie es sich mit den Angriffen und den Manipulationen verhält. Davon sind sehr viele Menschen betroffen. Ich werde nochmals kurz auf die Besetzungen eingehen, denn leider gibt es immer noch Menschen, die nicht glauben können, dass manche Probleme, etwa psychische Leiden, von Besetzungen ausgelöst sind.

Weiter werde ich darauf eingehen, warum bei einer kleinen Anzahl von Personen Reinigungen sowie jegliche energetische Behandlung oder Befreiungen von Anhaftungen nichts bewirken.

In meinem ersten Buch habe ich versucht zu vermitteln, nach der umfangreichen Reinigung an sich zu arbeiten, seine Sichtweisen zu überdenken und einmal durch die Türe zu gehen, die bei der Reinigung geöffnet worden ist. Leider meinen einige, dass ich eine Heilerin bin und sie selbst nichts mehr beitragen müssen. Ich möchte es noch einmal erwähnen. **Ich bin keine Heilerin**. Jeder kann sich selbst heilen. Wenn seine Energie-Körper frei sind, wird automatisch das Selbstheilungszentrum wieder aktiviert. Ich gehe später darauf ein.

Dann werde ich Ratschläge geben, wie jeder Einzelne auf eine einfache Weise mit sich arbeiten kann oder, besser gesagt, mit sich umgehen soll. Dies ist für mich und für meine Lehrer sehr wichtig, denn wir wollen Dir Hoffnung geben, dass Du dich selbst schützen kannst und mit Dir achtsam umgehst. Darunter sind auch einige Ratschläge für Energiearbeiter. Heiler und Menschen, die die verlorenen verstorbenen Wesen ins Licht erlösen.

Weiter werde ich auf die Erdung eingehen, weil ich in meiner täglichen Arbeit festgestellt habe, dass viele, auch die spirituellen Menschen, nicht geerdet sind. Das ist ein sehr großes Manko in unserer heutigen Zeit. Ich versuche, fünf Übungen zu beschreiben, die sehr erdend auf die Wirbelsäule und den Geist wirken. Diese Übungen habe ich von meinen Tai Chi-Lehrer vor über dreißig Jahren übermittelt bekommen. Er gab mir seine Genehmigung, die Übungen zu veröffentlichen.

Zum Schluss werde ich eine Meditation beschreiben, die Du vielleicht einmal ausprobieren kannst. Ich habe sie von meinen Lehrern bekommen.

Durch die vielfältige Bestätigung von so vielen Menschen weiß ich, dass das Buch „Besetzungen" genau zur richtigen Zeit veröffentlicht wurde. Niemals dachte ich, dass ein so kleines Büchlein so viel Zuspruch bekommt und so viele Menschen, aus unterschiedlichen Schichten, Alter, Herkunft und Ländern, sich damit identifizieren.

All das, was mir die vielen Menschen im Vertrauen erzählen, was sie tagtäglich erleben, dass sie sich beobachtet fühlen, energielos, verwirrt sind oder neben sich stehen, bestätigt mir, dass meine Lehrer und ich ganz richtig liegen. Hiermit bedanke ich mich für das große Interesse und den großen positiven Zuspruch. An dieser Stelle danke ich Peter Michel und Annette Wagner vom Aquamarin Verlag, dass sie den Mut hatten das Buch „Besetzungen" zu veröffentlichen.

Vielen Dank
Silvia Stolzmann

Die Zwischenwelt

Wie ist die Zwischenwelt entstanden?

Wahrheit, was ist Wahrheit?
Wahrheit ist für mich: Die Sichtweise jedes Einzelnen auf das LEBEN.

In diesem Kapitel schreibe ich nur mein persönliches Wissen und das Wissen auf, das mir meine geistigen Lehrer vermittelt haben. Auch bringe ich meine Erfahrungen und Erlebnisse mit ein, die ich in der Zwischenwelt erleben durfte.

Wie ist die Zwischenwelt entstanden? Wie ist es dazu gekommen? Vielleicht fragst Du Dich das auch?

Wie Du weißt, gibt es verschiedene Welten: Die Tierwelt, die Pflanzenwelt, die Steinwelten, die Wasserwelten, die Welten, wo die Elfen und Feen leben, die positiven Naturwesen, die Welten, wo die aufgestiegen Meister sind, die Welt der Engel und Erzengel und noch höhere Welten mit Wesen, die nur aus reinstem Licht und Liebe bestehen. Stelle Dir einfach vor, die Erde sei eine Zwiebel, jede einzelne Schicht stelle eine Welt dar.

Dieses Bild bekam ich in der geistigen Schule.

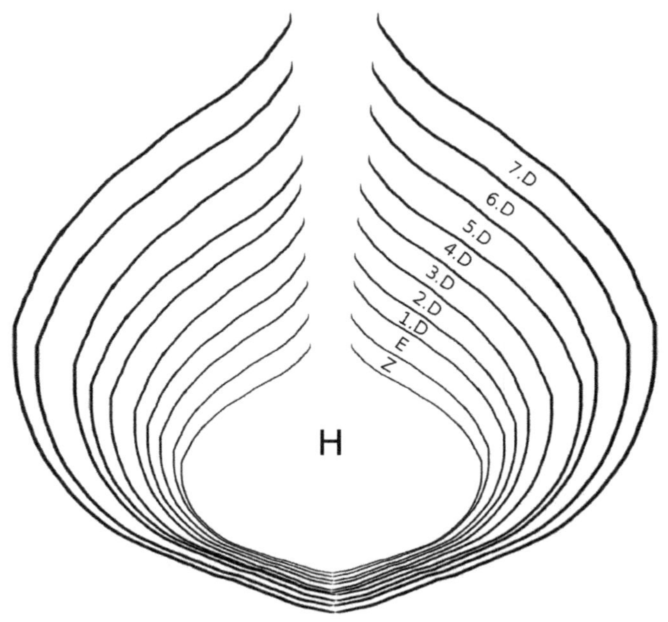

H	Herz der Erde Sitz der großen Göttin Tara, ihrer Geheimnisse, ihres Wissens und ihrer Schätze	
Z	Zwischenwelt	
E	Erde, so wie wir sie kennen und darauf leben.	
1.D	Ätherkörper der Erde. Alles abgespeichert, was geschehen ist.	
2.D	Astralkörper der Erde. Alles abgespeichert was geschehen ist.	
3.D	Mental	Bewusstsein der Erde
4.D	Kausal	Christus-Gitter, Vergangenheit und Zukunft

Adonai

5.D Dies sind höhere Dimensionen, wohin die Erde und die ganze
6.D Menschheit weiter aufsteigt.

Planeten

7.D Verbindung mit dem Kosmos, mit anderen Planeten, wie zum Beispiel Sirius, Venus, Jupiter

Die weiteren Dimensionen sind der Sitz der Meister und der Engelwelt und darüber das höchste, göttliche Sein – die Unendlichkeit des höchsten Bewusstseins.

Weil der Planet Erde so aufgebaut ist, ist er für sehr viele kosmische Wesen ein sehr interessanter Planet. Daher beobachten sie uns und schützen den Planeten. Alles ist mit der Quelle der Weisheit, des Lichtes und der Liebe verbunden. Es ist sehr umfangreich und vielleicht auch schwer zu verstehen. Auch ich habe einige Zeit gebraucht, um diese Struktur zu verstehen. Alles ausführlich zu beschreiben, würde den Rahmen des Buches sprengen.

Zuerst möchte ich Dir erklären, wie die Zwischenwelt entstanden ist. Ich beschreibe Dir später, wie ich die Zwischenwelt erlebe und sehe.

Ich gehe ganz, ganz weit zurück, als die Erde, der blaue Planet, entstanden ist. Der blaue Planet hebt sich von den anderen Planeten sehr ab. So kam es, dass sich verschiedene galaktische Wesen für die Erde interessierten, als die Natur sehr reich und unberührt war.

Die ersten intergalaktischen Wesen waren die Anunakis. Sie beschlossen, die reichhaltigen und wertvollen Mineralien auf der Erde abzubauen. Daher erschufen sie menschenähnliche Wesen, die für sie nichts weiter als Sklaven für ihre Absichten waren. Die Anunakis waren Meister der Manipulation und machtbesessen. Die menschenähnlichen Wesen hatten keinen Willen, keinen Verstand, kein Herz und keine Liebe. Sie agierten nur auf Befehle. Es waren arme Geschöpfe.

Die intergalaktische Föderation, wie die Plejaden, Venus, Sirius und einige mehr, waren mit diesem schlimmen Zustand auf dem neuen Planeten nicht einverstanden. Sie mischten sich ein und gaben einem Teil dieser armen Wesen eine Handvoll Liebe und göttliches Licht. Sie hauchten ihnen den göttlichen Funken ein.

So kam es zur ersten Spaltung dieser Wesen.

Sie befreiten sich aus der Sklaverei, gingen unter dem Schutz der galaktischen Föderation in andere Gebiete und entwickelten mit der Zeit ihre eigene Lebensweise. Darauf entschloss sich die galaktische Föderation, in Form physischer Körper selbst in die materielle Welt zu inkarnieren. So entstanden Lemuria und Atlantis.

In dieser Zeit gab es noch kein Sterben, geschweige denn das Wort Tod. Die Bewohner dieser Zeit inkarnierten nicht, so wie wir es heute kennen. Sie kamen als Lichtwesen von verschiedenen Planeten auf die Erde und materialisierten sich selbst. So wie es ihnen und ihren Vorstellungen beliebte. Es war eine Welt der reinen Liebe, ein Zusammenleben in Harmonie und im Einklang mit allem, was ist. Sie lebten in Dankbarkeit und teilten miteinander, und jeder half jedem, ohne etwas zu hinterfragen. Es gab noch kein Ego. Jeder Einzelne brachte sein Wissen ein. In der damaligen Zeit war es noch möglich, durch reine Gedankenkraft alles zu materialisieren.

Sie waren sehr verbunden mit der Natur, mit den göttlichen Welten und den Planeten. Sie waren verbunden durch eine Prana-Röhre, die Energien gleichzeitig aufwärts und abwärts wandern ließ. Die beiden Prana-Ströme bewegten sich nach innen, in eines unserer Chakras. Wie und wo die Prana-Ströme aufeinander treffen, das war immer ein wichtiger Aspekt dieser uralten Kultur, die heute noch im ganzen Universum studiert wird.

Sie waren so hoch entwickelt und so stark mit dem Universum und der geistigen Welt verbunden, dass sie den jeweiligen Bewohnern der Planeten immer wieder durch Telepathie mitteilten, was auf der Erde beziehungsweise auf den Planeten gerade passierte und welche Erfahrungen sie machten. Sie mussten sich an die Materie gewöhnen, um von der Schwerelosigkeit in die Schwere zu gehen.

Wenn sich ein Bewohner entschlossen hatte, den Planeten Erde zu verlassen, teilte er es den anderen Bewohnern und der galaktischen Föderation mit. Alle freuten sich darüber und feierten diesen Entschluss. Alle wussten, dass ihr Mitbewohner aufstieg, sich dematerialisierte und auf seinen Planeten oder in seine Welt zurückkehrte, um den anderen dort mitzuteilen, wie es ist, mit einem materiellen Körper auf Erden zu leben.

Der wunderschöne Planet Erde, mit seiner Vielfalt von Pflanzen und Tieren, stand unter genauer Beobachtung der Erschaffer und derjenigen Wesen, die neidisch darauf waren. Diese Wesen lebten in Dunkelheit und abseits der göttlichen Ordnung. Irgendwann beschlossen diese, auch auf diesen Planeten zu kommen. Sie fühlten sich nicht sehr wohl in dieser lichtvollen Harmonie und überlegten, wie sie das ändern konnten. Dann beschlossen sie ein Doppel herzustellen. Dabei hatten sie Hilfe durch einen Engel, den wir Luzifer nennen. Luzifer war ein sehr mächtiger Engel und dem Göttlichen sehr nahe. Unter den Engeln war er sehr beliebt.

Luzifer war der Meinung, dass die Menschen keinen freien Willen besaßen. Sie folgten nur dem Einen. Er wandte sich ab von seiner Welt und beschloss, mit anderen Wesen, die sich tarnten, einen identischen Planeten zu erschaffen. Das heißt, sie kreierten eine Doppelwelt und legten sie darüber (so entstand die Dualität und zu gleicher Zeit die Zwischenwelt).

Es heißt: Als der Erzengel Luzifer sich von Gott abwandte, machte er das nur, weil er erkannt hatte, dass die Menschen keinen freien Willen besaßen. So legte er um die Erde einen Ätherkörper, der dem physischen Doppel der Erde ähnlich ist. Wie ein Netz, das so aussah wie die *Blume des Lebens*. Dies kam natürlich einigen Wesen gerade recht, denn sie konnten anfangen, die dunkle Seite, beziehungsweise das Doppel der Erde zu stärken.

Manche der ersten Bewohner fühlten und sahen dies. Somit beschlossen sie, die Erde zu verlassen, so wie sie es noch gewohnt waren, und beobachteten das Geschehen von ihren Sphären aus. So verschwand Lemuria, und allmählich ging dann Atlantis unter im Laufe der Zeit. Als die Katastrophe über Atlantis hereinbrach und es unterging, beschlossen einige Bewohner von Atlantis, auf dem Planeten zu bleiben, um eine neue Welt zu erschaffen und das alte Wissen zu bewahren und weiterzugeben. Diese kleine Gruppe ahnte, dass sich andere Mächte einmischten, das alte Wissen boykottierten und den Menschen falsche Wahrheiten eintrichterten, so dass der Aufstieg behindert und die Zwischenwelt erschaffen wurde. Doch auch unter der kleinen Gruppe gab es Meinungsverschiedenheiten und Abweichungen. Auch diese Gruppe spaltete sich. Die Dualität war in vollem Gange, und sie fingen an, Angst zu schüren und einen falschen Glauben zu verbreiten. Es kam dann zu Götzen-Anbetungen, und die Macht der sogenannten Schwarz-Magier kam verstärkt zum Vorschein. Es wurden unterschiedlichste Rituale ins Leben gerufen, die bis heute zum Teil noch praktiziert werden. Somit begann das Karma-Gesetz, so dass auch heute noch einige Menschen aus alten Vorleben blockiert werden.

Nun wurde der normale Aufstieg erschwert, und sie wurden gezwungen, auf der Zwischenebene zu verweilen, bis jemand kam, um ihnen zu zeigen, wo sie hingehen sollten. Zu ihrem Leid mussten sie beobachten, was aus ihren physischen Körpern gemacht wurde. Sie lösten sich nicht mehr auf, sondern verwesten oder wurden verbrannt. So begannen die Rituale der Bestattungen, und die Energie-Körper wurden nach und nach vergessen. Es kam sogar so weit, dass die Geste des Kreuzes gewisse Punkte am Körper blockierte und die Seele nicht mehr über die Erinnerungen verfügte, die sie benötigte, um weiter zu gehen.

Diejenigen, die das Wissen noch besaßen, begannen über die Meridianpunkte, wie das Fuß- und Wurzel-Chakra und das Kronen-Chakra/Sternen-Chakra, die Verbindung zu durchtrennen, so dass sie der Seele den Aufstieg ermöglichen oder erleichtern konnten. Dies wird heute noch von alten Schamanen oder Urvölkern praktiziert.

Sie fingen an, sich ihre Götter selbst zu erschaffen, an denen sie festhielten und für die sie Rituale durchführten. Dann kamen die Schuldfrage und Schuldzuweisung auf, und sie erkannten nicht, dass sie sich immer mehr und mehr von dem eigentlichen, göttlichen Funken abwandten. Somit verschwanden verschiedene Urvölker, verschiedene Licht-Wesen und auch das alte Wissen. So nahm die Zwischenwelt immer mehr Raum ein und manifestierte sich.

So entstand, in den frühen Zeiten, lange vor Christi Geburt, die Schwarze Magie. Sie ist nichts anderes als das Wissen von der Alchemie. Nur verwendeten sie die Alchemie entgegengesetzt und wandten sich so von der göttlichen Ordnung ab. Die Schwarze Magie erreichte in dieser Zeit ihren Höhepunkt. Es gibt heute noch gewisse Gruppen, die spirituell sehr stark sind, die aber ihre Spiritualität zum Negativen nutzen, um Menschen bewusst zu manipulieren, traktieren, anzugreifen und über sie zu herrschen. Selbst heute sind viele Menschen dadurch blockiert, und aus dieser Zeit wirken immer noch gewisse Manipulationen wie Flüche, Verwünschungen oder Missbrauchshandlungen.

Dann inkarnierte Jesus auf der Erde, um den Menschen aufzuzeigen, dass jeder über geistige Kraft verfügt und es noch ein anderes Bewusstsein gibt, voller Licht und Liebe, und dass in jedem Menschen ein göttlicher Funke lebt. Er lehrte den Menschen das alte Wissen der sieben göttlichen Prinzipien. Als Jesus wieder von der Erde ging, spalteten sich die Menschen erneut auf, und es entstanden die vielen religiösen Gruppierungen.

Dann kam das Zeitalter, wo wir Menschen uns hinterfragten: „Was ist der Sinn des Lebens?“ Das positive Denken kam auf, es entstanden Übungen für Meditation oder Yoga, um das Wohlbefinden und das Gleichgewicht zu erlangen. Es tauchten alte und neue Lehren auf, die nichts mit Religionen zu tun hatten, sondern das alte Wissen in uns, das wir von Inkarnation zur Inkarnation wieder auf Erden brachten, erwachte neu.

Es waren jene Menschen, die wir heute „Indigo-Erwachsene" nennen. Das sind uralte Seelen, die in Lemuria schon dabei waren.

So kamen und gingen spirituelle Lehrer, die sich der Aufgabe stellten, den Menschen wieder den göttlichen Funken näherzubringen und aufzuzeigen, dass jeder Einzelne die Macht der Liebe und des Geistes hat. So entstand die esoterische und spirituelle Szene, die stetig wächst.

Jeder will auf einmal mit dem Göttlichen verbunden sein, sein Bewusstsein erweitern, die göttliche Liebe erspüren, das göttliche Licht sehen und seinen inneren Frieden und vollkommene Gesundheit erlangen. Es wird ein großer Kraftaufwand betrieben, um Systeme zu entwickeln für die Anbindung an das göttliche Bewusstsein. Dabei ahnen wir Menschen nicht, dass wir uns eher vom Göttlichen entfernen, solange wir im Äußeren suchen und unser inneres Wesen, unsere innere Lehre nicht berücksichtigen. Dann findet wieder eine Trennung in uns statt. Somit nutzt die andere Seite diese Trennung in uns Menschen aus. Manche werden sensibler, schwächen sich selbst mit Verurteilungen und Schuldzuweisungen in ihrem Leben, bauen erneut ihre Ängste auf und werden angreifbar.

Mittlerweile kann sich die Zwischenwelt mit den Ängsten, Selbstzweifeln, Unsicherheiten, Verwirrtheiten und Selbstkasteiungen nähren.

Wie ich schon gesagt habe, ist es heute immer noch ein Tabu, über das Sterben und über die Zwischenwelt zu reden, obwohl das wichtig ist. Genau jetzt, wo die Erde immer weiter aufsteigt und in höhere Dimensionen gelangt, ist es entscheidend, die Zwischenwelt anzuerkennen, um sie zu säubern und zu verändern, damit das Aufsteigen in die höheren Dimensionen der Erde erleichtert und jedem einzelnen Menschen der Aufstieg ermöglicht wird. Die Energien werden immer höher, feiner und mächtiger. Dies verwirrt manche Menschen, sie geraten in Konflikte und können oder wollen die neuen, hohen, feinen Energien nicht verwirklichen. Doch genau jetzt ist es an der Zeit, der Zwischenwelt der Erde mehr Licht und Liebe zu geben. Jetzt ist es an der Zeit, dass wir

- unsere Sichtweise überdenken
- den Tod mit anderen Augen sehen
- alte Glaubenssätze, Schwächen und Vorurteile loslassen

Jedesmal, wenn ich die Zwischenwelt verlasse, segne ich sie und gebe sehr viel Liebe und Licht hinein.

Jedesmal, wenn ich verstorbene Wesen nach Hause ins Licht bringe oder bösartige Wesen befreie, sehe ich diese Welt lichter und in mir steigt eine tiefe Zufriedenheit und Fröhlichkeit auf. Je mehr ich in der Zwischenwelt wandele, umso mehr Kraft und Licht bekomme ich von den Lichtwesen geschenkt.

Es ist eine wundervolle Aufgabe und bereitet mir sehr viel Freude, zu helfen und die geistige Welt zu unterstützen, um die dunkle Welt ins Licht zu führen.

Wie sieht die Zwischenwelt aus?

Wenn ich gut geschützt in diese Welt eintrete, ist es so, als ob ich einen dicken, dunklen Nebel durchschreite. Es ist ungefähr so, als wenn Du an einem Novembermorgen ganz früh, bevor die Sonne scheint, in einen Wald gehst. Dichte Nebelschwaden hängen zwischen den Bäumen, den Pflanzen und auf dem Waldboden. Manchmal ist der Nebel so dicht, dass er auf den Feldern und Wiesen haften bleibt. Ein modriger Geruch nach Erde liegt in der Luft, man riecht die Feuchtigkeit und Kälte, das Moos und das faulige Holz. Es wirkt so fremd, aber doch vertraut – und es wirkt mystisch dunkel. Beim Eintritt in diese Welt ist es sehr kalt und dunkel. Überall sehe ich schattenhafte Gestalten, sie blicken mich mit ihren kalten Augen an, dann verschwinden sie ganz schnell. Manchmal höre ich auch eigenartige Geräusche und Klänge, die es in unserer Welt nicht gibt.

Ungefähr so erlebe ich den Eintritt in diese Welt. Wenn ich den Nebel überwunden habe, wird es immer kälter und dunkler. Mir begegnen dann schon verwirrte, körperlose Wesen, die genau das Leben fortführen, das sie gewohnt sind. Ich sehe Häuser aus der Gegenwart und aus vergangener Zeit. Ich sehe Wälder, Felder, die es noch gibt, und welche, die schon verschwunden sind durch den Bau von Straßen und Wohnhäusern. In dieser Welt sehe ich die Vergangenheit und die Gegenwart, aber nicht die Zukunft.

Ich sehe auch dunkle Kreaturen, Gnome, Nymphen, bösartige Reptilienwesen sowie andere grauenhafte Wesen (die ich lieber nicht beschreiben möchte). Sie sind uns Menschen nicht wohlgesonnen und wollen uns blockieren, manipulieren und festhalten, uns in unserer Entwicklung und Entfaltung unseres wahren Seins behindern.

Jedesmal, wenn ich in die Zwischenwelt reise, bringe ich eine neue Erfahrung mit, und von ganz bestimmten Verstorbenen, die schon sehr, sehr lange in dieser Welt weilen, lerne ich wieder etwas Neues.

Hierzu fällt mir ein Erlebnis mit einer sehr interessanten Begegnung ein, das ich hier erzählen möchte.

Dieses Erlebnis hatte ich vor etwa siebzehn Jahren.

Ich bekam den Auftrag, ein sehr altes Haus zu reinigen. Als die Leute drei Jahre zuvor in dieses Hauses zogen, fingen die Probleme an. Sobald sie das Haus betraten, begann die Frau, ihren Mann zu kritisieren – und es brach ein Streit aus. Wenn die Frau länger im Haus war, bekam sie regelrecht einen Hass auf ihren Mann. Der Mann fühlte sich im Haus beengt, beobachtet und bekam das Gefühl, er wäre der Schuldige für alles. Sie konnten sich das nicht erklären, denn sie waren schon sehr lange glücklich verheiratet und erfolgreich in ihrer Arbeit. Wenn sie zusammen Freunde besuchten oder mit den Kindern in Urlaub fuhren, Ausflüge unternahmen oder gemeinsam Einkäufe erledigten, waren sie ein gutes Team und verstanden sich ohne viele Worte.

Ich vereinbarte einen Termin, ging dann in die Zwischenwelt und begab mich zu dem Haus. Die Stelle, an der das Haus stand, war ein sehr alter Ort. Ich roch Feuer sowie verbranntes Holz und Fleisch. Der ganze Ort lag verschleiert und in der Dunkelheit, als wenn jemand ein dickes Leintuch darüber gelegt hätte. Als Erstes ging ich zu dem Haus und schaute es mir genauer an.

Mir fiel auf, dass, bevor das Haus erbaut wurde, dort ein freier Platz war. Vor gut neunhundert Jahren war da eine Stelle, wo Frauen und Männer einen gewaltsamen Tod erleiden mussten. Ich nahm wieder diesen ekligen Geruch wahr. Ich löste zuerst den dunklen Schleier vom Haus auf. Dann ging ich in das Haus hinein. Schon beim Hineingehen spürte ich Aggression und Verletzungen einer hasserfüllten Präsenz. Von dieser fühlte ich mich sehr beobachtet. Das Haus war sehr erdrückend und schwer in seiner Energie. Trotz dieser Präsenz und der negativen Energie ließ ich mich nicht beirren und beinflussen und schaute mich im Haus genauer um. In einem großen Raum, in dem ein Kachelofen und sehr schwere Möbel standen, die aus vergangener Zeit waren, sah ich einen älteren Mann am Ofen sitzen, der sehr verängstigt war und seine Augen geschlossen hielt. Es war sehr ungewöhnlich, dass Verstorbene die Augen verschlossen hielten und nur da saßen und sich nicht bewegten. Genau an dieser Stelle fühlte ich Ängste, Leid, Wut, Hass und ein Ringen mit dem physischen Tod und dem Leben. Als ich die Bilder bekam, was an diesem Platz alles passiert war, überlief mich ein Schauer. Ich hatte das Gefühl, dass mir Tränen aus den Augen flossen. Ich drückte das Gefühl beiseite, denn es war nicht mein Gefühl, und ich begab mich in meinen Herzraum und holte mir meine Liebe und Licht heran.

Ich sprach den Mann an und fragte ihn, warum er die Augen nicht öffne. Sofort drehte er sich von mir weg und sagte zittrig und voller Angst, ich solle weggehen, es tue ihm leid, was er getan habe, und es tue ihm leid, dass er dieses Haus erbauen ließ. „Gehe weg, Du Hexe, lass mich stehen, gehe weg." Ich antwortete ihm, ich sei keine Hexe, sondern sei gekommen, um dieses Haus zu reinigen und ihn zu erlösen, denn er sei schon sehr viele Jahre verstorben und körperlos. Ich teilte ihm mit, welches Jahr es war und aus welcher Zeit ich kam. Dann machte er seine Augen auf, sie waren stechend blau, voller Angst und Schrecken.

Er hatte sehr viele Belastungen an den Energiekörpern, und ich bemerkte eine sehr starke karmische Verbindung zu einer Person, die zu dieser Präsenz gehörte und mich ständig beobachtete. Außerdem war der Mann gebannt, was ich für das Schrecklichste empfinde, was man einem verstorbenen Wesen antun kann.

Ich habe schon sehr oft auf meinen Reisen gebannte Wesen gesehen. Stelle Dir vor, Du wärest gefesselt an einem Ort. Du bekommst alles mit, kannst Dich aber nicht bemerkbar machen. Das ist ein uraltes Verfahren, das leider noch heute angewandt wird. Bewusst oder unbewusst. Das macht mich heute noch wütend, denn es ist eine Quälerei für die Wesen. Egal ob es Verstorbene oder andere Wesen sind. Sie leiden schmerzlichst. Das solltest Du, wenn Du Hausreinigungen machst, sehr berücksichtigen.

Als Erstes löste ich den Bann auf und reinigte den Mann. Dabei fiel mir im Ätherkörper auf, dass eine Verwünschung verankert worden war. Ich erklärte ihm nochmals, dass er verstorben und körperlos sei und seine ganzen Irrtümer und alle Schuld, die er auf sich geladen hatte, vergeben sei. Danach löste ich die Verwünschung auf. Es war sehr schwierig, ihn an die Pforte des Lichtes (diesen Begriff erkläre ich später noch) zu bringen, und es dauerte sehr, sehr lange, bis er loslassen und ich mich mit ihm auf den Weg machen konnte.

Während ich mit ihm den Weg ins Licht ging, erzählte er mir, dass er eine Frau geliebt, aber gleichzeitig gehasst hatte. Er war verantwortlich, dass sie gequält und verbrannt wurde. Dieser Platz lasse ihn deshalb nicht los. Er war erdgebunden und hatte Angst, wieder auf diesen Platz zu kommen. Ich versicherte ihm nochmals, dass alle seine Irrtümer und die Last, die er sich auferlegt hat, vergeben seien, da ich ihn von dem Fluch des Banns und der Verwünschung erlöst und seinen Körper gereinigt habe. Allmählich wurde es ihm leichter, und jetzt konnte er vollkommen loslassen von seinem Erdenleben und in die Pforte des Lichtes hineingehen. Als ich beobachtete, wie seine Seele seine ganzen Erinnerungen aufnahm und die Energiekörper sich auflösten, sah ich plötzlich seine Erinnerung aus einem Vorleben. Ich sah eine sehr schöne Frau mit haselnussfarbigem, langem, dichtem Haar. Sie waren schon lange miteinander verbunden. Mir wurde sofort klar, dass das die Präsenz war, die mich beobachtete.

Mit einer vollkommener Leichtigkeit, Zufriedenheit und voller

Liebe in mir ging ich wieder zurück in das Haus. Ich befand mich wieder in dem großen Raum, in dem der Kachelofen stand. In diesem Augenblick wusste ich den Namen der Frau und rief sie herbei, denn ich wollte sie nicht suchen. Ich wollte, dass sie zu mir kam. Nach dreimaligem Rufen stand sie vor mir. Sie hatte dunkelbraune Augen, aus denen nur hasserfüllte Blicke kamen. Sie schrie mich an, was mir einfiel, diesen Mann zu befreien. Er sei ihr Gefangener. Sie habe ihn auf ewig verflucht und verfluche jedes männliche Wesen, das in ihre Nähe komme. Sie sei die Wächterin dieses Platzes. Er sei verflucht auf ewig – und so solle es bleiben. Meine Antwort war ganz kurz und knapp: „Nein." Dann herrschte Schweigen. Sie sah mich eindringlich an und wurde ruhiger. In dem Moment war mir klar, dass sie selbst bestimmt hatte, auf dieser Ebene zu bleiben. Sie hatte sich selbst gebunden. Ich strahlte Liebe zu ihr aus, und auf einmal fing sie an zu erzählen:

„Ich bin eine Druidin und war einst sehr angesehen in meinem Dorf. Ich half Menschen, die in Not waren, und gab ihnen Kräuter, die sie von ihren Gebrechen heilten. Ich lebte einst in einem kleinen Haus im Wald, das sie zerstört haben, diese furchtbaren Männer mit den langen Kutten. Sie brachten einen Glauben ins Dorf, den ich nicht mit mir vereinbaren konnte. Ich fand diesen Glauben fragwürdig, denn Gott kennt keine Schuld, kein Falsch und kein Richtig, kein Gut und kein Böse. Er ist frei von allem. Sie machten die Menschen mit ihrem Glauben zu Opfern und drückten ihnen ihr Dogma auf, zu ihren Gunsten. Sie sagten, die Kräuter seien Teufelszeug. Ich verstand nicht, was sie mit Teufelszeug meinten. Ich hatte dieses Wort noch nie gehört. Als sie mich gefangen nahmen, durch den Mann, der mich angeblich liebte, dem ich geholfen hatte, quälten und schändeten sie mich…"

Sie erzählte mir ihr ganzes Leid und ihre Erfahrungen aus ihrem letzten Leben.

Während sie erzählte und mir ihr Leid berichtete, merkte ich, dass ihre Energiekörper immer heller wurden. Mir wurde klar, dass sie den ganzen Ort gebannt, verflucht und mit einem dunklen Schleier belegt hatte. Sie hielt den ganzen Platz und den Ort fest in ihrer Energie. Ich unterbrach sie und fragte, ob sie bereit wäre, jetzt zu gehen und ihren Fluch über das Haus und den Ort aufzulösen.

Sie hielt inne und sah mich dabei wieder eindringlich an. Sie sagte: „Ja, ich werde den Fluch mit Dir auflösen, denn Du bist eine von uns. Du bist oder warst einst eine mächtige Druidin und nicht nur eine Druidin, sondern Du hast in verschiedenen alten Völkern gelebt, wie bei den Etruskern, das ein kriegerisches Volk war, hast den Männern und Frauen des Volkes, so wie ich, geholfen mit Heilpflanzen und vieles mehr. Du warst dabei, als Atlantis unterging, und bist vorher schon mit einer Gruppe geflüchtet und hast das alte Wissen in Dir. Du hast Dich mit der Gruppe in der Wüste niedergelassen und einen Ort mit aufgebaut, den es so, wie er einst war, nicht mehr gibt. Du wusstest schon immer von dieser zweiten Welt der Schattenwesen und der dunklen Mächte, die hier weilen…"

Ich unterbrach sie wieder und sagte, „Wir lösen jetzt den Fluch von dem Ort und dem Haus auf, und dann erlöse ich Dich und bringe Dich zur Pforte des Lichtes." Sie willigte ein.

Wir lösten den Fluch und den Schleier der Vergangenheit mit den Mächten der Naturgeister und den vier Elementen auf. Ich lernte von ihr, wie man alle Flüche und Verwünschungen auflöst.

Es kam mir alles bekannt vor, als ob ich dies schon immer getan hatte, und sie kam mir auf einmal vertraut vor. Als wir fertig waren, erzählte sie mir, was die lebenden Menschen alles aufwandten, um die Schattenwesen zu entfernen und zu erlösen. Mit Licht, Weihwasser und Räucherwerk, mit Salz und rituellen Worten, mit seltsamen Gegenständen und Symbolen, die sie an die Wände des Hauses malten oder hängten.

Druidin: „Wissen die in der Welt nicht, dass dieser ganze Aufwand, den sie betreiben, nicht viel bringt, um uns, die in der Schattenwelt Lebenden, zu vertreiben?"

Silvia: „Ja, sie betreiben sehr viel Aufwand, um ihr Umfeld in Frieden zu bringen und in Frieden zu leben, um ihren Geist zu öffnen."

Druidin: „Die in Deiner Welt halten zu sehr an allem fest, und vor allem nehmen sie sich zu wichtig und können nicht loslassen von ihren alten Mustern und Ritualen. Wissen sie denn nicht, dass sie selbst sich das alles auferlegt haben und selbst ihr eigenes Karma erschufen? Diese Welt, in der ich mich befinde, wird genährt von den Ängsten, Zweifeln und Schuldzuweisungen von dem Nichtloslassen und der Gier und dem Drang, Macht zu besitzen. Wieso lebst Du gerade jetzt, in dieser Zeit, auf der Erde der Lebenden?"

Silvia: „Ja, ich gebe Dir schon recht, aber es ist eine wundervolle Zeit, denn die Erde kommt in eine andere, höhere Dimension, die voller Licht ist und in der es einfacher ist, sich von alten Muster zu lösen. Wir kommen in ein höheres Bewusstsein. Langsam erkennen wir, dass in uns sehr viel Licht, Liebe und Wissen ist. Uns wird langsam bewusst, dass in uns der eigene Lehrer wirkt. Wir sind alle Lichtwesen und fangen an, immer mehr zu leuchten. Wir wissen, dass der Geist in uns sehr mächtig ist, durch die Liebe in uns, in unseren Herzen. Frauen sind heute anders gestellt als in Deiner Zeit. Jetzt verbreitet sich die weibliche Energie und wird immer mächtiger."

Sie schwieg und sagte nur: „Bringe mich jetzt zur Pforte. Ich weiß jetzt. Ich war zu hasserfüllt und handelte nur nach dem Hass. Aus Rache, was mir angetan worden ist, und so habe ich Unschuldige blockiert. Ich vergebe mir selbst und allen anderen."

Es wurde immer heller um ihren Körper, und sie war jetzt bereit zu gehen.

Ich begleitete sie zur Pforte. Auf dem Weg erklärte sie mir, wie ich mich in der Zwischenwelt besser schützen, wie ich die dunklen Wesen besser erkennen und ihre Tricks herausfinden, wie ich sie auflösen und befreien könne.

Als wir an der Pforte standen, überreichte sie mir ein Stück von einem Medaillon. Dabei sagte sie mir: „Du wirst noch zwei Druidinnen begegnen auf Deinen Reisen in die Zwischenwelt. Von denen bekommst Du die restlichen Stücke vom Medaillon. Erst von der letzten Druidin wirst Du erfahren, für was dieses Medaillon steht."

Ich nahm es an und bedankte mich. Eine Weile blieb ich vor der Pforte des Lichtes stehen, sah das Stück an und blickte zu ihr in die Pforte hinein. Ich sah, wie sich die Energiekörper auflösten und was für eine strahlende, mächtige Seele sie war. Sie winkte mir zu und rief: „Du brauchst Dich nicht bedanken, ich muss mich bedanken."

Von dieser Reise wollte ich gar nicht mehr zurückgehen, denn es überkam mich ein vollkommener, tiefer Frieden, und ich erlebte die bedingungslose Liebe und die absolute Freiheit des Geistes – keine Gedanken, keine Worte, keine Schwere des Körpers. Alles war leicht und manche Situationen in meinem Leben so sinnlos, so überflüssig. In dem Augenblick fielen all meine verborgenen Zweifel und Lasten, die ich mir selbst auferlegt hatte, ab. Der Drang zu bleiben war groß.

Da kam der Engel der Erlösung zu mir und sagte, sehr laut und bestimmend: „Silvia, Deine Zeit zu gehen ist noch nicht gekommen. Gehe und schließe Deine Arbeit ab."

Sofort schaltete sich mein Geist ein, und ich schwebte wieder hinunter in die Schwere, reinigte das Haus und den Ort nochmals, stellte Lichtsäulen im Haus auf, stellte die göttliche Ordnung wieder her und kam zu mir zurück.

Der Klientin schilderte ich nichts von dem, was ich erlebt hatte, sondern erzählte ihr nur das Wichtigste. Nach einer Woche rief sie mich an und berichtete mir, dass es im Haus jetzt viel freier und der Streit und das Hassgefühl gegen ihren Mann verschwunden sei. Auch ihr Mann fühle sich freier und machte in seiner Freizeit wieder Arbeiten am Haus.

Ungefähr ein Jahr später rief mich wieder eine Frau an und erzählte mir fast dieselbe Problematik, und ich reinigte auch ihr Haus.

Dort begegnete ich der zweiten Druidin. Sie gab mir dann, bevor sie in die Pforte hineinging, das zweite Stück des Medaillons. Es dauerte nicht lange, und in dem selben Jahr erhielt ich das dritte und damit letzte Stück des Medaillons. Als sich die drei Stücke zusammenfügten, leuchtete es golden, von kristallinem Licht umgeben. Ich sah drei lachende Drachen. Zwei hielten eine große Kugel, die den Kosmos mit allen Planeten symbolisierte, der dritte Drache war in der Mitte der Kugel, und er hielt zwei identische Kugeln in seinen Klauen fest. Die eine Kugel symbolisierte die Zwischenwelt und die andere die Erde. Sie sind miteinander verflochten. Die zwei äußeren Drachen waren so miteinander verschlungen, dass sich ihre Schwänze und Köpfe berührten.

Von der dritten Druidin erfuhr ich, dass es das Symbol der Zwischenwelt ist. Es soll den Träger an die Zwischenwelt erinnern, und durch das Symbol soll die Zwischenwelt mit der Zeit des Wandels lichter werden. Durch die höhere Energie des Wandels löst sich das Dunkle in der Zwischenwelt auf. Das heißt nicht, dass das Doppel, also der Ätherkörper der Erde, verschwindet, sondern dass der Äther die Erde erleuchtet und rein wird wie das Christus-Netz. Darum ist es wichtig, den Ätherbereich der Erde zu reinigen. Die geistige Welt und die lichtvolle Welt wird alles dafür tun, dass dies so geschehen wird.

Einige Worte wurden noch an mich gerichtet. Was ich noch alles in der Zwischenwelt erleben sollte, was ich alles noch vollbringen werde und dass ich einem Erzengel begegnen würde, der in allen Farben leuchtete wie ein Regenbogen. Die neue Zeit transformiert alle, und Altes wird von Neuem getrennt. Dazu gehört, dass wir unsere Sichtweisen überdenken sollen. Schuld, Ängste und unser innerer Widerstand sollten losgelassen werden. Es gehört dazu, dass wir uns selbst vergeben, ins Mitgefühl und in die Liebe zu uns selbst kommen. Wir dürfen uns noch bewusster werden, dass wir mit allem verbunden sind.

Zum Schluss dieses Kapitels möchte ich Dir noch ein persönliches Erlebnis erzählen:

Es ist in meinen vorangegangenen Erzählungen der Begriff „Pforte des Lichtes“ aufgetaucht. Jetzt möchte ich Dir diesen Begriff erklären.

Seit mir bewusst wurde, was meine Lebensaufgabe hier auf Erden ist, stellte ich mich darauf ein und nahm es an, den PFAD zu beschreiten. Es ist nicht immer einfach, verstorbene Wesen nach Hause ins Licht zu bringen.

Eines Tages fragte ich mich: Wie kann ich mit absoluter Sicherheit sagen, dass die Verstorbenen zu Hause im Licht sind?

Es dauerte nicht lange, da bekam ich die Antwort.

Eines Abends, bevor ich zu Bett ging, hatte ich das seltsame Gefühl, dass mich etwas Großartiges erwartete. Ich fühlte mich an dem Abend so leicht und losgelöst. Wie immer, betete ich und bedankte mich für den Tag und für das, was ich erleben durfte. Ich betete für die Menschen, dass sie, in viel Licht und Liebe eingehüllt, sich alle bewusst werden, welche großartigen und machtvollen Wesen sie sind und die bedingungslose Liebe erfahren dürfen. Daraufhin schloss ich meine Augen und ließ den Tag los. In diesem Augenblick meldete sich bei mir ein Lehrer, den ich sehr mochte. Er teilte mir mit, ich solle mitkommen und meinen Körper und das Erdendasein vollkommen loslassen. Ich wusste sofort, was er meinte. Dies sagte er immer, wenn ich etwas Neues erlernen durfte.

Ich trat aus meinem Körper und begab mich in eine sehr hohe Schwingung meines Lichtkörpers. Er zeigte mir einen Tunnel aus Licht, in den ich mich hineinbegeben sollte.

Irgendwie kam mir der Tunnel sehr bekannt vor. Ich schwebte mit großer Leichtigkeit und einer Vertrautheit hinein.

Mir kam es so vor, als wenn mein Erdenleben sich wiederholte, wie ein Blitz von einem kurzen Film. Der Tunnel war sehr hell, denn er wurde von einem unbeschreiblichen Licht durchflutet. Am Ende des Tunnels sah ich ein noch helleres, unglaublich schönes, wundervolles, großartiges Licht, das ich noch nie auf Erden gesehen hatte; noch nicht einmal in meinen Meditationen oder Reisen. Ich nenne es die „Pforte des Lichtes“. Ich sah viele Lichtwesen und die Ausstrahlungen von göttlichen Wesen. Ich hörte sogar Klänge, die ich noch nie wahrgenommen hatte. Zum Beispiel einen sehr hohen Klang, ähnlich wie von einer Harfe. Es war unbeschreiblich schön. Mir fehlen hier die Worte, dies zu beschreiben.

Zu wissen, dass man dort mit Freude und voller Liebe empfangen wird, macht das Verlassen der Erde sehr leicht. Mich zog es magisch an, und ich wollte hineingehen. Eine unglaubliche Ruhe und Gelassenheit kam über mich. Ein unbeschreiblicher innerer Frieden tat sich in mir auf, und ich fühlte mich so leicht. All das Erlebte aus meinem bisherigen Leben war in diesem Moment so bedeutungslos geworden. Mich zog das unbeschreibliche Licht so an, dass ich in die Pforte des Lichtes gehen wollte, doch in diesem Moment hielt mich mein Lehrer zurück und sagte zu mir: „Die Zeit für Dich, meine Liebe, ist noch nicht da, um hineinzugehen.“

Ich fragte, noch etwas benommen: „Und was soll ich jetzt hier?“

Er antwortete mir ganz kurz: „Beobachte!“

Also trat ich beiseite, verhielt mich ruhig und beobachtete. Mein Lehrer befand sich direkt neben mir. Wir standen ganz nahe am Eingang der Pforte, und das Licht, das aus der Pforte strömte, war unbeschreiblich schön und anziehend. Auf einmal sah ich schattenhafte Gestalten, Äther-, Astral- und Mentalkörper von verstorbenen Menschen, die wie mit einem Sog von dem hellen Licht angezogen wurden.

Mir fiel auf, dass alle Wesen voller Frieden und im Vertrauen waren. Ich empfand, dass sie glücklich und erleichtert wirkten. Ich sah Frauen, Männer und Kinder in allen Altersgruppen. Als sie in die Pforte eintraten, kam zu jedem von ihnen ein wunderschönes Lichtwesen, wie eine große Kugel aus Licht. Heller als die Sonne, heller als alles andere, was ich jemals gesehen hatte. So erfuhr ich von meinem Lehrer, dass dies die Seele sei. Ich beobachtete, wie die Seele die ganzen Erinnerungen und die Erfahrungen des Erdendaseins jedes einzelnen Wesens aufnahm. So lösten sich die Energiekörper und die Silberschnur auf. In diesem Augenblick wusste ich auf einmal, wie sie verstorben waren und was sie für ein Leben hatten. Jedes einzelne verstorbene Wesen war nur noch reines Licht und Liebe.

Mir wurde gesagt: „Das ist der Werdegang, wie die Menschen zu Lichtwesen werden.“

Silvia: „Was geschieht dann?“

Lehrer: „Stelle Dir ein Hochhaus vor. In diesem Hochhaus sind verschiedene Bewusstseinsebenen. Sie kommen dahin entsprechend ihrem Bewusstsein auf Erden. Dort gehen sie hin, beziehungsweise sie werden von ihren Engeln und Begleitern hingeführt. Dort werden sie ihren Regenerationsschlaf durchführen. In dieser Phase werden sie überwacht und versorgt. Später können sie entscheiden, in welche Ebene sie dann aufsteigen oder was sie noch lernen wollen, was sie im letzten Leben versäumt und nicht erkannt haben."

In mir herrschte nur bedingungslose Liebe und ein tiefes Gefühl des Vertrauens, Friedens und der mitfühlenden Liebe. Mir wurde klar, dass man sich um Verstorbene, die aufgestiegen sind, nicht zu sorgen braucht, denn sie sind angekommen, sie sind zu Hause. In dem Moment wollte ich wieder freiwillig in die Pforte hineingehen, denn wir werden nur hier den wahren Frieden finden.

In dem Moment sah ich einen alten Bekannten, den „Engel der Erlösung".

E.d.E.: „Du kannst Dir sicher sein, wenn die Zeit für Dich gekommen ist, wirst Du sehr schnell hineingehen. Nur jetzt ist es Deine Aufgabe, noch sehr viele verirrte Wesen hierher zu begleiten, und Du wartest, bis sich ihre Körper und die Schnur (die Verbindung zur Erde) auflösen, dann kannst Du sicher sein, dass sie erlöst sind und nicht mehr so schnell auf die Erde kommen. Du darfst ab jetzt, immer wenn Du auf Deinen Reisen verirrte Schattenwesen findest, diesen Weg mit ihnen zusammen gehen. Ich werde Dich stets begleiten und Dich immer erinnern, dass Du wieder auf die Erde gehen darfst."

Es trat eine lange Pause ein. Dann kam die Frage: „Möchtest Du wissen, wie lange Du noch auf der Erden sein darfst? Die Frage überraschte mich und rüttelte mich wach.

Meine Antwort war: „Nein, denn für mich ist das Leben auf Erden ein Abenteuer voller Überraschungen. Wenn ich weiß, wann mein Ende ist, kann ich es nicht mehr so gelassen genießen und daraus schöpfen."

E.d.E.: „Eine gute Antwort, Du bist wirklich bereit für diese wertvolle Aufgabe."

S.: „Darf ich Dir noch einige Fragen stellen?"

E.d.E.: „Ja!“

S.: „Die moderne Gesellschaft verdrängt den Gedanken an das Sterben, und der Tod ist obszön geworden. Sterben ist ein bürgerliches Tabu. Schnell werden die leblosen Körper beseitigt.

Das Wort „Tod“ wird in unserem Wortschatz häufig angewandt. Im Lexikon habe ich neununddreißig Wörter gezählt wie zum Beispiel: Totenblass, todelend, todernst, Todesangst, todesmutig, Todesnachricht, Todeszelle, Todfeind, todlangweilig, Todsünde und so weiter. Auf der einen Seite wird mit dem Wort leichtfertig umgegangen und auf der anderen Seite will man sich nicht mit der wahren Bedeutung auseinandersetzen oder will davon nichts wissen. Was verstehst Du und die geistige Welt unter dem Wort Tod?“

E.d.E.: „Was ihr als „Tod“ bezeichnet, ist ein meiner Wahrheit und meinem Wissen gegenüber verschlossenes Gemüt. Dieser „Tod“ kennt keine lebendige Freude und kein Glück, sondern nur Sorge, Leid und Beendigung des Lebens. „Tod“ nenne ich Unkenntnis über die Auferstehung allen Lebens. Mein Begriff vom immerwährenden, ewigen Leben schließt den bloßen Gedanken an ein Aufhören des Lebens von vornherein aus. „Tod“ nenne ich den Übergang von der Erden-Ebene niedriger Schwingungen zu einer Seelen-Ebene höherer Schwingungen. Der Mensch legt die physische Form ab. Er besteht dann nur noch aus Äther-, Astral- und Mentalkörper. Danach verlässt die Seele diesen Körper, um auf einer höheren Ebene des Lichtes weiterzuleben. Was ich „Tod“ nenne, ist die Erlösung, zu gelegener oder ungelegener Zeit, von diesem Erden-Planeten, einem Ort der Ungerechtigkeiten, der Verunreinung, der Entartung, der Krankheit, des Missklangs und der Furcht. Der Begriff „Tod“ hätte als Wort niemals geprägt werden dürfen, weil es das, was der Mensch darunter versteht, nicht gibt.

Ich kenne keinen „Tod“, sondern nur in Ewigkeit fortdauerndes Leben. Was ihr „Tod“ nennt, betrifft diejenigen, die dies nicht glauben können. Die sich entsetzlich vor dieser ganz natürlichen, unumgänglichen Erfahrung fürchten, die alles in der materiellen, physischen Form Existierende machen muss.

Darum sage ich, fürchtet also diesen „Tod" nicht, denn er bedeutet das Ende von Schmerzen und Qualen, das Ende der Notwendigkeit, die Elemente zu überlisten oder sich vor ihnen zu schützen, und auch das Ende von Zweifeln hinsichtlich des ewigen Lebens. „Tod" ist weder von mir noch in mir. Er ist nur für diejenigen Realität, die ihn für etwas halten, was man wie die Pest fürchten muss. Dieser „Tod" ist für jene Unwissenden, die meiner göttlichen Wahrheit vom Leben gegenüber blind sind."

S: „Was verstehst du unter erdgebundenen Menschen-Wesen?"

E.d.E: „Als erdgebundene Menschen-Wesen bezeichne ich solche, die im Stadium des Übergangs ihre physische Form verlassen, aber weiterhin an den Erdschwingungen festhalten. Obwohl man sich schon in der Seelenform höherer oder schnellerer Schwingungsfrequenz, dem Ebenbild der bisherigen physischen Form, befindet, ist es möglich, dass man glaubt, noch auf der Erd-Ebene zu sein. Dies veranschaulicht die große Ähnlichkeit dieser Ebenen sowie die abgrundtiefe Unwissenheit, was die Bedeutung von „Leben" und „Tod" betrifft.

Es gibt verschiedene Gründe, weshalb Seelen erdgebunden bleiben. Dies sind hauptsächlich unbeherrschte Gefühle, wie Eifersucht, Angst, Schuld, Habgier, Widerstände und Verärgerung über eine Einzelperson oder Organisation. Zu diesen erdgebundenen menschlichen Wesen zählen Unwissende, Furchtsame und Fanatiker sowie jene, die hoffnungslos von Alkohol und/oder Drogen abhängig sind, Mörder und, zuweilen, auch Selbstmörder und Wahnsinnige, die wiederum von Wesen besetzt sind. Doch sind alle erdgebundenen Wesen nicht böse. Sie bedürfen jedoch, was ihren Aufenthaltsort anbelangt, der Aufklärung und Erleuchtung. Alle Erdenmenschen sollten durch religiöse Organisationen über diesen Sachverhalt unterrichtet werden. Doch muss dieses Thema wohl tabu sein, weil die Priesterschaft nicht um die wahre Bedeutung des Todes weiß. Erdgebundene Wesen, wie ich sie nenne, sind es, die ihrer tiefen Verbitterung wegen für die Besessenheit noch im physischen Körper Lebender verantwortlich sind. Der Drang zu Zerstörung, zu Alkoholgenuss im Übermaß, zu Schädigungen aus Rache, zu Anfällen extremer Eifersucht oder dem Festhalten an ehemaligen Besitztümern und dergleichen mehr beherrscht noch weiterhin diejenigen, die den Übergang schon hinter sich haben. Sie suchen Verkörperte heim, um sie für sich all das ausführen zu lassen, was sie für sich selbst nicht mehr tun können und kommen so, durch solchermaßen Besessene, zu einer Art „Genuss aus zweiter Hand". Dieser Zustand muss durch Geduld, Verständnis und Mitgefühl seitens Wissender richtiggestellt werden. Es gibt keinen Teufel und niemanden, der des Teufels ist. Hört also auf, diese erdgebundenen Wesen als böse oder als Dämonen zu behandeln. Erinnert euch daran, was ihr für wundervolle, großartige Wesen seid.

Erdgebundene Wesen haben oft große Angst, sorgen sich sehr um das Wohlergehen ihrer zurückgebliebenen Lieben oder möchten gerne in der ihnen vertrauten Umgebung, bei ihnen vertrauten Menschen bleiben. Sie sollten mit Ruhe, aber doch mit Bestimmtheit gesagt bekommen, dass sie sich nicht mehr in ihrer leiblichen Form befinden, die vielleicht auf irgendeine Art verletzt, verstümmelt oder verunstaltet worden sein mag. Die Form aus ätherischer Substanz, in der sie sich nun befinden, weist keinerlei Verunstaltung auf. Darauf sollten sie hingewiesen werden. Damit ihnen bewusst wird, dass sie den leiblichen Körper nicht mehr besitzen. Davon sollten sie überzeugt werden, so dass sie es akzeptieren können, dass sie sich auf einer der Erde ähnlichen Lebensebene (er meinte damit die Zwischenebene) befinden und es keinen Tod gibt.

Rate diesen erdgebunden, diesen „verlorenen" Wesen, um die Richtigkeit dieser Behauptung zu beweisen, sich nach ihren Lieben umzuschauen, die völlig lebendig darauf warten, entdeckt zu werden. Unausweichlich wird zu einem solchen Zeitpunkt einer dieser Lieben in der Nähe sein, was der überzeugende Beweis dafür sein wird, dass das Leben aller Menschen und ohne Ausnahme bis in alle Ewigkeit fortbesteht. Weißt Du, es gibt keine Zukunft und keine Vergangenheit, es gibt nur die Gegenwart. Nur aus der Gegenwart heraus kannst Du alles lösen und aufheben, was Dich blockiert.

Die Seele ist hiervon nicht betroffen, denn die Seele ist der Körper oder die Form allen Seins. Die Seele ist die Wohnstatt Deines Selbst, des Geistes. Sie besteht aus Licht-Substanz, die weitaus dauerhafter ist als jede physische oder materielle Form auf Erden. Sie ist das genaue Gegenstück der physischen oder materiellen Form. Der Seelenkörper ist eins mit der physischen Form, wenn diese bei Bewusstsein ist. Das, was ich Seele nenne, kann nie in irgendeiner Weise beschädigt werden, wie das bei ihrem empfindlichen Gegenstück, dem physischen Körper und den Energiekörpern auf Erden, der Fall ist. Deshalb werden, wenn die physische Form von Narben gezeichnet, verstümmelt, entstellt oder krank wird, diese Körperschäden nicht auf die Seelenform übertragen. Zwischen dem physischen und dem ätherischen, dem Astral- und Mentalkörper gibt es eine Verbindung, die sogenannte „Silberschnur". Der Geist des einzelnen Wesens befindet sich in der Seelenform. Zieht sich die Seele vom physischen Körper zurück, wird dieser zwar bewusstlos, bleibt aber am Leben, weil der sich innerhalb der Seelenform befindende Geist den Körper durch eben diese Silberschnur aktiviert. Solange sie intakt ist, kann der „Tod" nicht eintreten. Sobald jedoch die Silberschnur durchtrennt ist, kann der Geist nicht mehr bewirken, dass die physische Form weiteratmet, weshalb diese damit zu leben aufhört und als tot gilt. Die physische Form verwest, um wieder in die Elemente einzugehen, aus denen sie hervorging. Die Seelenform ist jedoch weiterhin sehr aktiv am Leben, denn sie hat nicht für einen Moment das Bewusstsein verloren. Darum wartet die Seele geduldig, bis das verstorbene Wesen sich erinnert und sich entschließt, in die Pforte des Lichtes zu gehen. Freut euch auf diesen Moment, denn es ist an der Zeit aufzuwachen, um die Tatsache eurer Unsterblichkeit zu begreifen. Es ist für uns Engel ein Fest, wieder eine komplette Seele zu empfangen. Daher meine Bitte, lasst die Vergangenheit, die es nicht gibt, und die sogenannte Zukunft, los. Lebt nur in der Gegenwart und liebt euch in vollem Umfang. Werdet euch eurer Macht bewusst, rennt nicht hinter euren falschen Zielen her und legt alles ab."

Nach diesen Worten verabschiedete ich mich und bedankte mich. Dann kam ich wieder in meinen Körper zurück, atmete tief ein und war einen Moment später hellwach. Ich bedankte mich für diesen wundervollen Augenblick und schlief wieder ein. Morgens, als ich erwachte, sah ich auf meinem Nachttischkästchen den voll beschriebenen Block. Ich las mir diese Zeilen durch und legte den Block zu meinen persönlichen Schriften.*

Von diesem Zeitpunkt an begleite ich die verstorbenen Wesen an die Pforte des Lichtes. Dadurch bin ich mir zu 100% sicher, dass diese armen Geschöpfe im Licht zu Hause sind und es ihnen gutgeht. Heute macht es mir Freude, und es fällt mir sehr leicht.

Vielleicht denkst Du jetzt gerade: Wie schaut die Pforte des Lichtes aus? Du lässt alles los. Ich spreche von wirklich allem: Haus, Auto, Geld, Freunde, Kinder und Körper. Dann stelle Dir vor: Du stehst am Strand, siehst die Weite des Meeres und des

---

* Das, was ich Dir hier beschrieben habe, wussten die alten Weisen. Sie hielten sich aber bedeckt, das Wissen weiterzugeben, weil sie erkannten, dass viele dogmatische Glaubensätze entstanden wären und die Menschen daran festhalten würden.

Himmels, als wenn keine Grenze dazwischen ist. In der Ferne siehst Du nur Meer und Himmel, sonst nichts. Genau zwischen Meer und Himmel kannst Du Dir die Pforte des Lichtes vorstellen, wo die Verstorbenen hineinschreiten und nur noch Liebe, Frieden und Leichtigkeit empfinden. Das ist der Augenblick des Vergessens der materiellen Welt.

Jedesmal, wenn ich die verstorbenen Wesen dorthin begleite, fühle ich Fröhlichkeit, und in mir zeigt sich eine unbeschreibliche Leichtigkeit und Beschwingtheit. Ich befinde mich in einem tiefen inneren Frieden und vollkommener Liebe.

Für mich ist jetzt klar, dass das Verlassen der Erde oder des Planeten ein Geschenk ist, um sich weiterzuentwickeln. Auf diesem Planeten geht das nicht immer, weil wir zu sehr mit dem Ego konfrontiert werden. Dort oben sind wir frei von allem. Es gibt keine Worte dafür, wie wir dann, in den wundervollen Sphären, weiterleben. Für mich ist es ein Geschenk, darum genieße ich die Zeit hier in vollen Zügen und bin dankbar für alle Erfahrungen, die ich hier machen darf.

Darum gibt es für mich keinen Tod, kein Ende und keinen Anfang. Wenn ich höre, dass ein Mensch die Erde verlassen hat, kommt in mir eine Freude auf und ein inneres Lachen, denn ich weiß, dass es demjenigen gutgeht. Normalerweise muss niemand trauern um Verstorbene, sondern eher um die Hinterbliebenen.

Es mag Dir vielleicht so vorkommen, dass ich eine Nahtod-Erfahrung gehabt hätte. Ich versichere Dir aber, dass ich in meinem jetzigen Erdendasein noch nie eine Nahtod-Erfahrung gemacht habe. Dies wurde mir von meinen geistigen Lehrern und dem Engel der Erlösung gezeigt und gelehrt. Jedesmal, wenn ich so eine Erfahrung machen darf, schreibe ich medial alles auf. So auch den vorstehenden Text oben.

Hier fällt mir der Moment ein, zu dem mein Opa die Erde verließ. Als ich ihn das letzte Mal sah, kam mir es so vor, als wenn er wüsste, dass seine Zeit zu gehen gekommen sei. Er hielt ständig meine Hand, sah mich an und lächelte. Obwohl er nichts mehr mit seinen physischen Augen sah, sah er doch noch. Man weiß heute, dass Kranke über ihren Zustand genauestens Bescheid wissen. Sie wissen, wann es so weit ist zu gehen. Professoren und Ärzte kennen das Phänomen. Sie sagen: Wir wissen nicht, woher sie es wissen, aber sie wissen es.

Vier Tage danach verließ er seinen Körper.

Ich erinnere mich, wie meine Oma bitterlich weinte. Sie tat mir so leid, und ich wollte sie trösten mit den Worten: „Oma, dem Opa geht es gut. Ich sah ihn, wie er in ein großes Licht trat und voller Zufriedenheit und Glück winkte. Weine nicht, sondern freue Dich für ihn."

Du kannst dir vielleicht vorstellen, wie verdutzt und empört mich alle anschauten. Sie entgegneten mir nur: „Kind, Du weißt gar nichts!"

Nach wie vor wird der Tod, oder besser gesagt das Sterben des Körpers, tabuisiert. Selten wird darüber geredet oder darüber nachgedacht, nur wenn nahestehende Menschen oder jemand innerhalb der Familie die Erde verlässt. Meine Sichtweise ist, dass wir als Menschen auf die Erde kommen, um zu lernen, von allem loszulassen.

Erfahrungen aus meiner Praxis

Warum setzen sich negative Wesen oder verstorbene Wesen an den Äther- und Astralkörper an?

Dieses Kapitel möchte ich all den Menschen widmen, die Besetzungen entfernen oder energetische Behandlungen durchführen. Ich möchte damit erreichen, dass nicht mehr so leichtfertig mit diesem komplexen Thema umgegangen wird.

Als Erstes möchte ich noch einmal ganz intensiv auf den Äther- und Astralkörper eingehen, denn mittlerweile weiß ich, dass es einige Menschen gibt, die verstorbene Wesen an den Energiekörpern entfernen können. Diese Menschen oder Energiearbeiter erlösen die Wesen ausschließlich über darauf ausgerichtete Gebete. Diese Gebete sind Abwandlungen von früheren kirchlichen Gebeten, wie zum Beispiel der Exorzismus.

Wenn man bei einem Klienten eine Auflösungsarbeit von Besetzungen durchführt, ist es wichtig, danach eine komplette Reinigung an allen Energiekörpern und feinstofflichen Kanälen durchzuführen und die Chakras neu auszurichten. Dies wird häufig vergessen. Es ist aber sehr wichtig, anschließend alle Energiekörper und feinstofflichen Kanäle zu reinigen, da jedes Wesen Abdrücke hinterlässt. Wenn Du zum Beispiel ein Glas nimmst, dann hinterlässt Du auch einen Abdruck.

Wenn ich einen Klienten anschaue, ist es zuerst der Ätherkörper und dann der Astralkörper. Hängt am Ätherkörper ein Wesen, dann weiß ich schon, dass auch im Astralen etwas hängt. An den Ätherkörper hängen sich nur die Krankheitswesen oder Elementarwesen.

An diesen Körpern ist auch zu erkennen, ob Flüche oder Verwünschungen aus einem vergangenen Leben stammen oder in diesem Leben ausgesprochen worden sind, oder ob ein Pakt mit negativen Wesen, wie schwarzen Magiern oder andersartigen Wesen, abgeschlossen wurde.

Ganz selten ist ein verstorbenes Wesen im Ätherkörper zu finden; nur wenn eine Übernahme des Körpers und Geistes stattgefunden hat. Das ist nur möglich, wenn das verstorbene Wesen schon sehr lang an ihm haftet oder derjenige dieses verstorbene Wesen während der Inkarnation mitgebracht hat. Das geht nur, wenn die betroffenen Personen sich aufgegeben haben. Sie übergeben die Macht ihres Körpers und Geistes, werden also in diesem Moment zum Opfer. Das Wesen kann dann walten, wie es ihm gefällt. Das kann sich bis zu körperlichen Störungen auswirken oder zu verbalen Ausbrüchen führen, die die Person nicht steuern kann. Hier spricht man von einer Besessenheit.

Der Ätherkörper ist das ätherische Doppel oder der spirituelle Zwilling. Man erkennt dort, wie die Chakras schwingen, wie die Organe schwingen und wie die Wirbelsäule sich darstellt. An diesem Körper kann man erkennen, wo die Schwachpunkte des Klienten liegen. Daher schaue ich mir die Wirbelsäule genauer an. Die Wirbelsäule teile ich in fünf Zonen oder Zentren auf. Wenn du den gesamten Körper betrachtest, ist er ein perfektes System, das dem Goldenen Schnitt entspricht. Es ist auch bekannt, dass man an den einzelnen Wirbeln der Wirbelsäule einige Schwachpunkte der Menschen erkennen kann.

So stellt sich meine eigene Betrachtung dar:

Wenn ich feststelle, dass der zweite Brustwirbel schwach ist, ist auch der fünfte Kreuzbeinwirbel schwach. Das ist das Gleichgewichtszentrum – Kopf/Gehirn.

Wenn der fünfte Halswirbel schwach ist, ist auch der erste Kreuzbeinwirbel schwach (genau an dieser Stelle im Astral-/Mentalkörper befinden sich Anhaftungen). Das ist das Nervenzentrum oder Heilzentrum.

Ist der erste Halswirbel schwach, ist auch der dritte Lendenwirbel schwach. Wenn der erste Brustwirbel schwach ist, ist auch der vierte Kreuzwirbel schwach. Das wird dem Verdauungszentrum und dem Selbstsicherheitszentrum zugeordnet.

Beide Zentren sind mit Bereichen wie Erinnerungsvermögen und Lebensmut verbunden, so dass sie alle damit zusammenhängenden Aspekte erhalten. So nimmt man über diese zwei Punkte äußere Schwingungen wahr, sowohl negative als auch positive. Es geht so weit, dass man geringste kosmische Schwingungen und Energien wahrnehmen kann. Sind die zwei Wirbel blockiert, also schwach, steckt die Person in alten negativen Erinnerungen oder Ereignissen fest. Dies kann bis zum Astral- und Mentalkörper sichtbar werden. So können sich genau an diese Stellen Wesen anhaften.

Diese Punkte sind bei den meisten Menschen, bei denen eine Anhaftung vorliegt, blockiert. Werden sie nicht behandelt und nur die Anhaftung aufgelöst, wird sich bei den Betroffenen nicht viel ändern. Sie fallen dann wieder in die festgefahrenen fremden oder eigenen Muster und Programme zurück.

Es sind die Auswirkungen innerer, unbewusster Vorgänge oder Muster. Jeder weiß, dass Blut seit Urzeiten der Träger aller Informationen ist. Blut und Gehirn geben Erfahrungen, Gefühlsinhalte und Denkprozesse über das Rückenmark in die Steuerzentren der Wirbelsäule weiter und beeinflussen damit unsere Energiekörper. Vielleicht sind es Abläufe aus einem früheren Ereignis, die man sich nochmals anschauen darf.

Daher sollten stets, nach einer Auflösung von Fremdwesen, die Programme und Muster angeschaut und den betreffenden Personen Hinweise auf die Schwachstellen mitgegeben werden.

Am Ätherkörper setzen sich aber meist nur Krankheitswesen fest. Kleine Elementarwesen, die uns nicht gut gesinnt sind. Diese Wesen gehen zuerst an die Wirbelsäule und suchen sich den Schwachpunkt heraus. Sie klemmen sich regelrecht fest und saugen die noch vorhandene Energie des ohnehin schon schwachen Gebietes/Organes aus. Wenn das nicht bemerkt wird, gehen sie an die Körpernerven, so dass ihr Wirt plötzlich Schmerzen empfindet. Diese werden dann an das Hauptnervenzentrum weitergegeben, wie ich schon in dem Buch „Besetzungen" ausführlich beschrieben habe.

Jeder kennt es: Plötzlich tut irgendwo am Körper etwas weh. Man behandelt sich zunächst selber, und erst wenn der Schmerz nicht gleich verschwindet, geht man zum Arzt und lässt sich behandeln. Man bekommt vielleicht Medikamente gegen die Symptome und wundert sich, dass das Symptom immer wieder auftritt. Man sieht oder beachtet *das Wesen* natürlich nicht und behandelt die Stelle immer wieder. Man probiert dieses und jenes aus, lässt sich vielleicht energetisch von Heilern behandeln. Die Wesen sind dankbar, dass sie wieder neue Energie bekommen, und so können sie den entsprechenden Schwachpunkt noch mehr bearbeiten.

Wird das Wesen übersehen oder ihm keine Beachtung geschenkt, dann tritt Folgendes im physischen Körper auf:

- Die Nervensysteme speichern den Schmerz im Hauptnervensystem ab – und somit wird er manifestiert.
- Der Körper merkt sich das und wird den Schmerz immer wieder abrufen. Der Körper hat seine eigenen Regeln und tut das, was er will.

Man lässt sich behandeln, fühlt sich freier, weil man keinen Schmerz mehr empfindet. Man freut sich und denkt: „Na, Gott sei Dank, endlich hat etwas geholfen." Nach einer Weile kommt der Körper wieder und meldet sich, „He, da ist noch etwas!" – und das Ganze geht von vorne los.

Hängt das Wesen länger am Ätherkörper, vielleicht ein halbes Jahr, ein Jahr oder länger, und löst man das Wesen dann auf und reinigt anschließend die Stellen, heißt es nicht, dass der Schmerz sofort schwindet oder man geheilt ist. Die Manifestation und das Programm, welches sich der Körper angeeignet hat, wissen erst gar nicht, dass die Ursache behoben ist. Deswegen ist es sehr wichtig, dieses Programm aufzulösen.*

Daher empfehle ich nach der Reinigung immer, dass die Behandlungen vom Arzt oder Heilpraktiker weiter fortgeführt werden sollten, bis das gewünschte Ziel erreicht wird. Es ist wichtig, an sich zu arbeiten und das negative Programm an sich zu löschen, damit der Selbstheilungsprozess auf natürliche Weise wieder einsetzen kann.

Nach meiner Erfahrung geschieht Folgendes:

Entfernt man das Wesen aus dem Ätherkörper und reinigt hinterher den Körper, dann kommt der Betroffene besser an die Schwachstelle heran, um an sich zu arbeiten und alte Muster aufzulösen. Die Sichtweise kann geändert werden. Dadurch gelangt man besser an seine Muster/Programme, die aus einem anderen Leben mitgebracht wurden. Sie werden sichtbarer und können dann selbst gelöst oder aufgearbeitet werden.

Hier ist es wichtig, dass Du Dich ermächtigst, Herrschaft über Deinen Körper zu erlangen. Werde Dir bewusst, dass Du vor endlosen Zeiten Deinen Körper erschaffen hast. Das ist die größte

---

* Programm = Unterbewusstsein

Manifestation, die Du, Deine Seele, erschaffen hast. Wenn Du also den Körper erschaffen hast, dann besitzt Du die Macht und die volle Verantwortung über Deinen Körper. Also hast Du die Macht, die Kraft und das Wissen, dass Du Deinen Körper heilen kannst.

Wenn Du als Heilpraktiker oder Energiearbeiter die Elementarwesen entfernst, dann kann es zu 99% sein, dass diese Wesen wieder zurückkommen. Du eliminierst diese Wesen nicht, wenn Du sie nur entfernst, also zum Beispiel mit Licht transformierst. Es ist wichtig, danach den ganzen Ätherkörper von den Abdrücken zu reinigen und anschließend wieder auszugleichen. Vor allem die rückwertigen Chakras gehören ausgeglichen und gestärkt. Kleine Krankheitswesen oder Elementarwesen gehören für mich zu den harmlosen, relativ leicht entfernbaren Anhaftungen an den Energiekörpern.

Astralkörper

Für mich persönlich ist der Astralkörper der Interessanteste, und es ist immer wieder eine Herausforderung, diesen Körper zu betrachten.

Der Astralkörper ist sehr stark mit dem Hauptnervensystem verbunden, also mit der Hypophyse und der Zirbeldrüse, mit Hypothalamus und Thalamus und mit den Körpernerven.

Durch meine jahrelangen Beobachtungen in der Praxis weiß ich, dass sich die verstorbenen Wesen gerne am Astralkörper ansetzen. Auch andere bösartige Wesen, die nicht menschlich sind, wirken über den Astralkörper. Die verstorbenen Wesen nutzen die emotionalen Schwächen von uns Lebenden. Das Gehirn empfängt die Signale, ob negativ oder positiv.

Ein Beispiel: Du bekommst einen Anruf von einem Freund, und er erzählt Dir ein fröhliches Ereignis. Dein System ist auf Fröhlichkeit eingestimmt. Dann bekommst Du eine negative Nachricht, etwa von einer Behörde oder vom Gericht, und Du wirst daraufhin nervös, bekommst Ängste. Du steigerst dich hinein, Dein ganzes System ist in Alarmbereitschaft. Man sucht verkrampft nach Lösungen, und ein großer Gedankenwirrwarr entsteht.

Es sind zwei Gefühle, die sich miteinander verbinden. Einmal die Fröhlichkeit und einmal die Angst oder Panik.

Das heißt, die Lebenskraft, die der physische Körper erhält, bekommt er von den Energiekörpern. Energiekörper sind stets beweglich und wirken aufeinander ein. Wenn eine unangenehme Situation erlebt wird oder eine starke Verletzung passiert, die jemanden nervlich sehr zu schaffen macht, tritt Folgendes ein: Die Nerven und Energiekörper sind überfordert. Sind die Energiekörper geschwächt, ist der physische Körper nicht mehr leistungsfähig. Wiederum werden die Energiekörper von unserem inneren Gemütszustand gesteuert. Wenn dieser Zustand unharmonisch ist, schaden uns nicht nur die Gefühle und Gedankenmuster, sondern auch deren Interaktionen.

Stimmt das Zusammenspiel nicht mehr, sind wir verletzlich, löchrig und unachtsam. So geschieht es, dass sich ganz leicht ein Verstorbener, der vielleicht so eine ähnliche Situation erlebt hat, an die Person anhängt, und schon verschlimmert sich das ganze Szenario: Die Person fällt in ein noch tieferes Loch. Wenn die feinstofflichen Energien nicht mehr ungestört fließen, weil sie durch ein Wesen blockiert sind, treten physische Symptome auf. Wir fühlen uns schlecht, was die Energiekörper noch mehr schwächt. Der physische Körper empfängt die Signale der Energiekörper, und somit wird der physische Körper immer schwächer, weil er keine Lebensenergie von den anderen Körpern erhält. Durch dieses Zusammenspiel können die verschiedensten Krankheiten entstehen.

Daher ist es so wichtig, auf seinen physischen Körper und auf seinen Geist zu achten, sich in Gedankenkontrolle zu üben und seine Energiekörper stets zu stärken und achtsam zu sein. Mein persönlicher Rat wäre es, dem physischen Körper Minerale und Vitamine zu geben, damit er sich wieder regenerieren kann. Was mir immer wieder übermittelt wird, ist das Vitamin D3, das Sonnenvitamin. Du hast bestimmt schon davon gehört oder gelesen. Das Vitamin D3 ist, wie jeder weiß, ein wichtiger Bestandteil für unseren Körper und für unser allgemeines Wohlbefinden.

Verstorbene Wesen setzen sich entweder an die linke oder rechte Seite einer lebenden Person und verbinden sich sofort mit dem Gehirn und dem Nervensystem. Sie wollen durch den Wirt ihre emotionalen Schwächen weiterleben und saugen an der Lebensenergie und der Sonnenenergie des Wirtes. Interessanterweise gehen die Wesen zuerst auf der linken Seite hinein und breiten sich auf der rechten Seite aus. Warum das so ist, weiß ich nicht. Vielleicht hat dies damit zu tun:

Wie jeder weiß, heißt es, die linke Seite, die rationale Seite, steht für Ordnung, Genauigkeit und Planung, und die rechte, intuitive Seite, steht für die geistige, schöpferische Macht. Wenn beide Seiten miteinander wirken und beide Pole an der Schöpfung beteiligt sind, sind wir nicht mehr angreifbar.

Was ich sicher weiß: Durch meine Erfahrung und den täglichen Umgang mit Verstorben entdeckte ich, dass meistens die verstorbenen Wesen eine Anhaftung am Äther-, Astral- oder Mentalkörper aufweisen und sich am liebsten einen Wirt aussuchen, weil sie selbst von den Fremdwesen beeinflusst werden.

Ein anderes Phänomen ist, dass Ahnen sich an den Astralkörper haften. In meiner Praxis erlebe ich oft, dass es verstorbene Ahnen sind, die sehr belastend auf den Hinterbliebenen einwirken.

Hier unterscheide ich:

- Ahnen, die nur beschützen wollen.
- Ahnen, die das Weiterkommen verhindern.
- Ahnen, die wiederum von Ahnen besetzt sind und auf den Lebenden in seinem Alltag schwerwiegend belastend einwirken.

Eine andere Möglichkeit könnte eine Seelenverflechtung oder eine Vernetzung sein. Hat zum Beispiel ein Ahne Depressionen in seinem Erdendasein gehabt, kann er diese weitergeben. Das hat ebenfalls nichts mit dem Wirt zu tun. Hier löst man die Seelenverflechtung oder Vernetzung auf, so kann der Ahne erlöst werden.

Du kennst bestimmt Menschen, die das Gottes-Bewusstsein total ablehnen und alles als Hirngespinst und Humbug abtun, die ganz im Äußeren leben. Entweder es sind Ahnen, die dies blockieren, oder eine starke Verletzung aus einem früheren Leben. Noch eine Möglichkeit gibt es – und zwar Seelenverträge, die vor langer Zeit abgeschlossen worden sind und meist mit Ahnen zu tun haben. Es hat nicht immer etwas mit dem Wirt zu tun. Der verstorbene Ahne will dem Lebenden diesen Vertrag übertragen oder besteht darauf, dass der Vertrag erfüllt wird. Das kann eine der vielen Ursachen sein, warum er sich an ihm festgesetzt hat. Hier wäre es ratsam, zuerst den Vertrag zu lösen. Dann erst lässt sich der Verstorbene ganz leicht erlösen.

Es kann sein, dass zehn oder mehr Ahnen an einer Person festsitzen. Dann spreche ich von einer Ahnenkette. Hier sollte man schauen, welcher Ahne den Vertrag beziehungsweise Versprechungen, Gelübde oder Eide abgeschlossen hat. Hat der Klient mit den Verträgen oder Gelübden zu tun? Hier muss genauer hingesehen werden, und die Auflösungsarbeit ist sehr langwierig.

Mit einer Auflösung an den Energiekörpern beziehungsweise der Erlösung eines verstorbenen Wesens ist es nicht getan; denn, wie schon erwähnt, sie hinterlassen Abdrücke am Astralkörper und an den feinstofflichen Kanälen.

Die feinstofflichen Kanäle sind Verästelungen zwischen dem physischen, Äther-, Astral-, Mental- und Kausalkörper. Ich sehe sie wie bei einem Baum die Verästelung der Zweige. Auch wenn man sich eine Lunge anschaut, hat diese ganz feine Äderchen. So ähnlich sehe ich die feinstofflichen Kanäle.

Das alles wird von einer Anhaftung oder Besetzung in Mitleidenschaft gezogen. Darum ist es so wichtig, das ganze Energiesystem miteinander harmonisch zum Fließen zu bringen.

Erlöst man nun eine Person von einer Besetzung, egal ob von einem verstorbenen Wesen, Krankheitswesen oder Elementarwesen, sollte darauf geachtet werden, dass die Abdrücke von diesen Wesen auch mit entfernt werden, da die Abdrücke auch alleine noch ihre Wirkung haben.

Ich habe es in meiner Praxis schon so oft erlebt, dass mich Menschen anrufen und mir erzählen, dass jemand sie von einem verstorbenen Wesen befreit hat, aber es ihnen immer noch schlecht geht und sie sich energielos fühlen. Darum sage ich, dass zwar Gebete helfen können, ein verstorbenes Wesen zu erlösen, aber leider nicht die Abdrücke entfernen. Ein operierender Arzt, der zum Beispiel den Blinddarm entfernt, wird nicht nur das kleine Stück abschneiden und sofort wieder vernähen, sondern er reinigt die Wunde, bevor er sie wieder ganz verschließt.

Das ganze komplexe System einer Person, die eine Besetzung hatte, gehört nach der Befreiung von der Besetzung komplett gereinigt, neu ausgerichtet und gestärkt. Zum Schluss müssen die Dünnstellen oder Schwachstellen, wie ich sie nenne, gereinigt und verschlossen werden. Dünnstellen sehe ich als kleine Löcher, wie ein Schweizer Käse. Dünnstellen liegen an den Schwachstellen des Ätherkörpers, die jeder Mensch hat.

Nach jeder Reinigung lege ich eine große Aufmerksamkeit auf diese Stellen. Ich verschließe sie und lege einen natürlichen Eigenschutz des Betreffenden darüber. So wie es mir meine geistigen Lehrer gezeigt haben.

Noch eine Anmerkung:

1. Jeder, der Körperreinigungen vollzieht und Auflösungen macht, sollte sich gut überlegen, was er seinen Klienten erzählt. Viele erzählen mir, dass gewisse Behandler ihnen zum Beispiel sagen „Sie haben einen Dämon" oder „Sie sind von Satan besessen" und so weiter. Für mich persönlich ist das verantwortungslos, denn es kann niemand mit so einer Aussage umgehen, und man schürt bei den Betroffenen neue Ängste. Das ist unnötig. Das ist unverantwortlich.

2. Ich überlege mir genau, wie und was ich sage. Ich wähle meine Worte gut, denn mein Ziel ist es, nach einer großen und umfangreichen Reinigung und Befreiung den Klienten aufzubauen und ihn an sein göttliches Wesen näher heranzuführen. Dass er/sie erkennt, dass sie selbst alles in sich besitzen, was sie benötigen, um mit sich zu arbeiten und sich von den Ängsten und Blockaden zu befreien.

   80% sind Anhaftungen verstorbener Fremdseelen oder Blockaden im Gleichgewichtszentrum.

   10% sind Besetzungen von nichtmenschlichen Wesen.

Meist hat es etwas mit dem vergangenen Leben zu tun, mit Verträgen oder einem Pakt, der abgeschlossen wurde.

Etwa 10 % sind Fälle, die durch ihre eigene Spiritualität und Suche auf ihrem Weg, dem sogenannten Seelenweg, Tore öffnen und dadurch von Wesen/Energien beeinflusst werden, etwa durch Strahlungen aller Art.

Ich möchte darauf hinweisen, dass nicht nur Menschen von Anhaftungen betroffen sind, sondern auch Tiere.

Tiere und Anhaftungen

Interessanterweise mache ich immer wieder Erfahrungen mit Tieren, die an den Energiekörpern eine Anhaftung haben.

Mich riefen Personen an, die über ihre Tiere, wie zum Beispiel Hunde, Katzen und Pferde, erzählten. Diese weisen merkwürdige Wesenszüge auf, die sie noch nie so gezeigt hatten. Da Tiere nur intuitiv handeln und leben, ist es relativ einfach, einem Tier in den Energiekörper zu sehen, um zu überprüfen, wie die Energiekörper ausschauen. Ich musste zu meinem Erstaunen feststellen, dass auch Tiere unter Anhaftungen litten und die Energiekörper verdunkelt waren.

Bei den Tieren sind die Energiekörper etwas anders angelegt als bei den Menschen. Es heißt, auch ein Tier besitzt den Äther-, Astral-/Mental-, Kausal- und Seelenkörper. Wenn ich ein Tier anschaue, wirken der Astral- und Mentalbereich wie eins.

Der Ätherkörper verhält sich zur Größe des Tieres und umgibt es in einem Abstand von etwa zwei bis zehn Zentimetern. Er enthält, so wie auch bei den Menschen, die Information über die körperliche Struktur, über den Zugang zur Lebenskraft, über die Empfindungen und Aktionsfähigkeiten im feinstofflichen Bereich. Dort erkennt man die Chakras, die fast genauso aussehen wie bei uns Menschen.

Kurze Beschreibung der Tier-Chakras

Das Wurzel-Chakra zeigt, wie sehr ein Tier auf Erden und in seinem Körper angekommen, wie sehr es verwurzelt ist und wie viel Urvertrauen es hat. Bei den meisten Tieren ist dieses Chakra sehr stark ausgeprägt, denn sie sind stärker verbunden mit der Erde als wir Menschen.

Das Sakral-Chakra steht für die Lebensfreude und wie viel Energie das Tier besitzt.

Der Solarplexus steht bei Tieren für Macht und Ohnmacht sowie für Selbstvertrauen. Bei traumatisierten oder besetzten Tieren ist der Solarplexus oft blockiert.

Wenn das Herz-Chakra bei Tieren ausgewogen ist, besitzt das Tier eine sehr starke Bindung zum Menschen oder zu anderen Tieren. Sie wirken meist sehr freundlich und zugänglich zu allen Lebewesen. Wenn sich Tiere sehr geliebt fühlen, dann geben sie sehr viel Liebe zurück, und das Herz-Chakra schwingt in Harmonie.

Das Hals-Chakra ist bei den Tieren nicht ganz so ausgeprägt. Tiere verständigen sich nur über Blicke, Gesten und Laute.

Das Stirn-Chakra steht für die feinstoffliche Wahrnehmung und ist bei den Tieren sehr aktiv, weil sie sich untereinander telepathisch verständigen. Sie nehmen die Energien, Sorgen oder Grübeleien von ihren Besitzern auf und können, wenn es ihnen zu viel wird, das Stirn-Chakra blockieren. Dies setzt sich dann bei den unteren Chakras fort – und so können die Tiere erkranken.

Das Kronen-Chakra zeigt, wie stark ein Tier auf der seelischen Ebene agiert und lebt. Hier hat das Tier einen wesentlichen Vorteil gegenüber den Menschen, denn es fühlt sich der göttlichen Quelle sehr verbunden und ist sich völlig im Klaren darüber, warum es auf Erden inkarniert und was sein Auftrag ist.

Der Astralkörper und Mentalkörper der Tiere hat ungefähr eine Größe von zehn bis achtzig Zentimetern. Astral- und Mentalkörper sind bei den Tieren eng verflochten. Ich sehe sie wie einen Körper. Hier sind das Gefühlsleben und die Instinkte des Tieres angelegt, also der Charakter des Tieres, seine momentanen Emotionen und sein psychisches Befinden sowie die Erfahrungen und Gewohnheiten.

Der Kausalkörper ist bei den Tieren ausgeprägter, größer entwickelt und wichtiger als bei uns Menschen, weil er die Verbindung zu Ursprung und Schöpferkraft, dem Urquell der Einheit allen Lebens, darstellt.

Katzen können ganz leicht aus ihrem physischen Körper herausgehen. Ich habe schon oft erlebt, dass meine Katze oben in unserem Haus schläft, aber ich sehe sie unten im Wohnzimmer oder sogar im Garten stehen. Ihr Blick geht nach oben zum Himmel. Ich sehe, wie ihr Kausalkörper so rein und strahlend ist, dass sie mit allem verschmolzen und mit der göttlichen Quelle verbunden ist; mit Blumen, Bäumen, Sträuchern, Sternen und Sonne sowie mit allen Naturwesen kommuniziert. Es geht eine wunderbare Harmonie und Schönheit von ihr aus.

Hat ein Tier eine Besetzung, zieht es sich zurück und ändert sein Wesen. Es wirkt traurig und verhalten, weil es nicht mehr mit den göttlichen Quellen verbunden ist. Sobald ich ein Tier von seinen Anhaftungen befreit und anschließend die Körper gereinigt und die Chakras neu ausgerichtet und ausgeglichen habe, geht es dem Tier sofort sichtbar besser.

Hier ein Beispiel:

Meine Tochter und ihr Freund hatten sich vor etwa zwei Jahren zwei Pferde zugelegt. Sie erzählten mir, dass Boni, das Pferd meiner Tochter, immer träge sei, einen traurigen Blick und trübe Augen habe. Meine Tochter hatte zu diesem Pferd einen schwierigen Zugang, was die Arbeit mit ihm sehr erschwerte. Beim Koppelgang kein Toben und Fetzen, und es hatte immer die Ohren angelegt. Sie sagte, sie hätte den Eindruck, als wenn ihr Pferd alles über sich ergehen ließe.

So in der Art: „Ist mir doch egal, mache, was Du willst." Kein Erschrecken und kein Buckeln. Was sehr auffällig war: Er hatte Angst vor anderen Pferden, wurde dadurch aggressiv zu ihnen und war immer auf Konfrontation aus, wirkte unausgeglichen und angespannt.

Meine Tochter schickte mir ein Foto von Boni, und ich sah mir Boni so an wie einen Menschen. Zu meiner Überraschung hatte er am Astralkörper ein verstorbenes Wesen hängen. Dieses Wesen war männlich, groß und war gekleidet wie ein Bauer bei seiner Arbeit. Zusätzlich wies Boni noch einige Elementarwesen am Ätherkörper auf und eine Übernahme von einem nicht menschlichen Geistwesen an den Energiekörpern. Die Chakras waren unausgeglichen und sein Schutzfeld löchrig. Diese Übernahme geschah schon bei seiner Geburt. Du kannst Dir vorstellen, dass ich sehr überrascht war. Ich fing an, das Pferd Boni von seinen Besetzungen zu befreien und anschließend die Energiekörper zu reinigen, die Chakras auszugleichen, die Energiekörper zu stärken und seinen Schutz wieder aufzubauen und zu optimieren. Als ich fertig war, sagte ich meiner Tochter Bescheid, sie solle zu Boni gehen und ihn beobachten.

Acht Tage darauf bekam ich folgende Mail von ihr: „Die Augen von Boni sind klar und leuchtend geworden. Er scheint lebensfroher zu sein. Beim Koppelgang fing er auf einmal an zu fetzen und zu toben, was etwa zehn Minuten gedauert hat. Das kannte ich gar nicht bei ihm. Beim Ausreiten hat er mehr Power und Freude und ist wacher geworden. Er interessiert sich beim Ausritt dafür, was um ihn herum passiert. Er äußert sich jetzt mehr, wenn ihm etwas nicht passt oder nicht gefällt, und er zeigt es jetzt, wenn ihm etwas behagt. Die Verträglichkeit zu den anderen Pferden ist sehr gut. Er freut sich jetzt, wenn er seine Artgenossen sieht. Boni wirkt ausgeglichener und zugänglicher. Ich kann jetzt mit ihm viel gezielter arbeiten."

Ich freute mich für sie. Das heißt nicht, dass ein eventuell schwieriges Pferd nach der Reinigung auf einmal zu einem unkomplizierten Pferd wird. Der Umgang wird einfacher, das Tier wird zugänglicher und auch manche Verhaltensweisen werden sich ändern. Jedoch wird es nicht seinen Charakter verlieren. Oftmals liegt es an dem Besitzer, und er sollte mit sich selber arbeiten, um das Tier besser zu verstehen, damit er besser mit seinem Pferd umgehen kann. Es bleibt nicht aus, mit einem Tier intensiv zu arbeiten, erst dann kann eine Einheit zwischen Mensch und Tier entstehen.

Es gibt auch Fälle, in denen der Besitzer eines Tieres eine Besetzung an den Energiekörpern hat und deswegen das Tier vom Besitzer Abstand nimmt. Tiere reagieren darauf sehr sensibel. Sie meiden Menschen mit Anhaftungen. Warum? Weil sie die Anhaftungen sehen. Tiere sehen mit ihrem geistigen Auge viel besser als Menschen.

Also sollte man sich besser Tier und Mensch genauer anschauen und eventuell die Stallungen mit einbeziehen, ob sich dort irgendwelche Geistwesen herumtreiben. Wenn das alles abgeklärt und bereinigt ist, fängt die Arbeit erst richtig an, denn man kommt besser an sie heran. Das ist bei Menschen und Tieren fast gleich. Der Unterschied ist, dass das Tier, wenn es frei ist, nicht an sich zu arbeiten braucht. Es *ist* einfach.

Bei uns Menschen läuft das anders, denn wir alle haben das Ego; und viele Egos meinen: „Jetzt bin ich frei und alles ändert sich." Das ist unrichtig; denn bei jeder energetischen Arbeit oder Reinigung geht die Erforschung mit sich selbst erst richtig los.

Es bleibt festzuhalten, dass verstorbene Wesen, die sich an einen lebenden Menschen oder Tiere anhaften:

1. Von Angst geplagt sind.
2. Noch etwas Unerledigtes mit dem Erdendasein verbindet.
3. Sich an die Schwachpunkte ansetzen, die sie selbst hatten.

Diesen Verstorbenen muss man klarmachen, dass ihnen alle Irrtümer (Schuld, Verurteilung oder Ängste), die sie erlebt haben, vergeben sind, dass sie körperlos sind und die Lebenden damit schwächen. Dann gehen sie normalerweise ganz schnell in die Pforte des Lichtes hinein.

Es gibt Besetzungen, die leider nicht durch eine normale Reinigung gelöst oder beseitigt werden können. Ich hatte ein paar Fälle, deren Besetzungen nicht gelöst werden konnten und bei denen eine Reinigung von mir nicht viel geholfen hat. Ich habe dies hinterfragt:

Lag es an mir?
Was habe ich übersehen?

Es gibt eine Theorie, dass manche Anhaftungen nicht gelöst werden dürfen, da die betroffene Person sonst ihr Leben verlieren kann. Diese Ansicht kann ich nicht teilen.

Wenn es sehr hartnäckige Anhaftungen sind, also Besetzungen und Übernahmen, dann liegt meist aus einem vergangenen Leben ein Pakt oder Vertrag mit einem negativen Wesen vor.

Zunächst muss man feststellen, ob es gelöst werden darf:

- Welcher Pakt oder Vertrag wurde eingegangen?
- Warum wurde diese Vereinbarung getroffen?

Löst man sie auf, so kann die Besetzung und Übernahme beseitigt werden.

Warum können diese negativen oder verstorbenen Wesen nicht von ihrem Wirt loslassen und sich auflösen?

Folgende Antwort bekam ich von meinen Lehrern im geistigen Schulungsraum.

1) Wenn es vorkommt, dass sich bei Menschen nicht sofort eine dauerhafte Veränderung einstellt, dann deshalb, weil es sich bei ihnen sehr stark im Unterbewusstsein manifestiert hat. Angst ist ein sehr großer Begleiter. Angst setzt sich tief im Unterbewusstsein fest – und dazu kommt der Verstand. Die meisten wollen es mit dem Verstand erfahren. Sie sagen, ich bin gereinigt, jetzt ist alles weg und es müsste mir besser gehen. Sie wollen nicht mit sich arbeiten und sich nicht selbst betrachten, inwiefern sie sich eventuell eine verkehrte Sichtweise angeeignet haben.

2) Dann können es Wesen sein, sehr, sehr alte Wesen, die mit ihrem Wirt vor sehr langer Zeit einen Pakt oder einen Vertrag in einem früheren Leben geschlossen haben. Eventuell wurde ein Versprechen abgelegt. Meist ist es ein Blutspakt oder Blutsvertrag oder ein Versprechen, das auf immer bestehen bleibt. Dies fand meistens im sehr frühen Mittelalter oder vor der Zeit Christi statt, wo die Magie eine große Rolle spielte und noch an verschiedene Götter geglaubt sowie radikale Unterschiede zwischen Gut und Böse gemacht wurden.

Man muss in eine Welt der Magie eintreten und herausfinden, was hinter diesen Verträgen, Versprechungen und Pakten steckt. Weshalb diese abgelegt worden sind und was für ein Wesen es ist. Was war der Anlass dafür. Die Seele und das höhere Selbst müssen damit einverstanden sein, um den Pakt, Vertrag oder die Versprechung aufzulösen. Dann kommt noch hinzu, dass das negative Wesen auch einverstanden sein muss, und da liegt oft die Schwierigkeit, denn diese Wesen sind nicht immer einverstanden. Da ist sehr viel Überzeugung und Arbeit erforderlich, um herauszufinden, was die Intention des Wesens ist, das vehement festhält.

Wenn beide damit einverstanden sind, kann der Pakt, Vertrag oder das Versprechen aufgelöst werden und somit die Besetzung am Astral-/Mentalkörper beseitigt werden. Darauf muss eine Reinigung folgen. Man sollte hier ganz genau hinsehen.

Es gibt natürlich Fälle, wo die Besetzungen kurzzeitig verschwinden, aber plötzlich wieder auftauchen. Das liegt nicht an der Auflösung, sondern am Wirt selbst. Weil die Person nichts mit dem neuen, freien Energiefeld seiner Energiekörper anfangen kann. Sie hat es so sehr in ihrem Unterbewusstsein manifestiert, dass sie zäh festhält. Die Person erschafft unbewusst ein Doppel dieses Wesens, und das erlöste Wesen bekommt auch im Licht keine Ruhe und kann den Frieden nicht richtig leben. Es wird gezwungen, wieder zurückzukehren, und das Ganze fängt von vorne an; aber viel heftiger als vorher, denn das erschaffene Doppel ist noch vehementer.

Dieses erschaffene Doppel besitzt Anteile des Wesens

- Es kennt seinen Wirt besser als er sich selbst.
- Es weiß, was er denkt und tut.
- Es kennt die Schwächen, wie z.B. seine Ängste.
- Der eine kann ohne den anderen nicht sein.

Die betroffenen Personen können das oft nicht verstehen. In meiner Praxis habe ich Fälle, denen ich nicht mehr helfen kann, weil sie das Geschehen nicht annehmen wollen.

Daher kann ich nur jedem raten, sich zu hinterfragen, was er möchte und was seine eigene Intention ist. Erst wenn die Person bereit ist, zu akzeptieren, dass sie das Doppel erschaffen hat, kann nur mit ihrer Hilfe, von ihr selbst, dieses Wesen aufgelöst werden. Somit hat das Wesen die Möglichkeit, in Frieden noch einmal in die Pforte des Lichtes zu gehen und seinen Frieden zu finden.

Sind Teile von Wesen selbst angezogen, übernommen oder erschaffen worden, dann kann die Person Folgendes sagen:

„Ich lasse los von meiner Identität. Ich lasse das Wesen los, das ich mir durch meine Unkenntnis angezogen, von dem ich Teile übernommen oder das ich selbst erschaffen habe.
Ich bitte um Vergebung und vergebe mir selbst.
Ich bin wieder Herr über meine ganzen Sinne, meinen Körper und Geist.
Ich bitte um Vergebung und vergebe mir selbst.
Dafür danke ich."

Es sollte mit Überzeugung und bestimmend dreimal ausgesprochen werden. Wenn nötig, kann man es nach einer Woche oder einem Monat wiederholen.

Was ist, wenn der Wirt, also die Person, einverstanden ist, aber das Wesen nicht?

Hier finde ich heraus, ob es ein verstorbenes Wesen, ein Ahne, ein andersartiges oder ein negatives magisches Wesen ist. Bei den zwei Letzteren muss man genau hinsehen, wo und an welchen Energiekörpern sie sitzen oder sich verstecken. Ich habe hier schon die seltsamsten Erlebnisse gehabt.

Meistens liegt eine Übernahme vor, wenn Teile von negativen Geistwesen in den feinstofflichen Gehirnebenen zu finden sind. Die Betroffenen können rein klinisch ganz gesund sein. Stelle ich fest, dass es eine Übernahme ist, dann sind auch „Landeplattformen“ an den Energiekörpern vorhanden.

Diese Wesen bilden innerhalb des Energiesystems der Person feine Linien. Sie schauen wirklich aus wie Landebahnen, die an den Energiekörpern gebildet und deponiert werden. Diese negativen Wesen können in ihren Wirt herein- und herausgehen, wann immer sie wollen. Manche sprechen davon, dass sie angegriffen werden.

Hat das stattgefunden, gibt es nur eine Möglichkeit: Sofort an den Energiekörpern die Stellen der Landebahnen zu reinigen und zu versiegeln, wenn das negative Wesen nicht in den Körpern anwesend ist. Ansonsten zerstöre ich diese Wesen und versiegele die Stellen, dann reinige ich die Energiekörper, die feinstofflichen Kanäle und das ganze Chakra-System.

Wenn es ein Ahne oder Verstorbener ist, kann es sein, dass ein Vertrag, ein Versprechen oder ein Pakt zwischen ihnen in einem vergangenen Leben abgeschlossen wurde. Jeder, der sich mit der Materie von Verträgen und Versprechungen auskennt, weiß, wie man diese auflöst. Hier möchte ich nicht darauf eingehen, denn es gibt verschiedene Möglichkeiten, wie dies gelöst werden kann.

Anders ist es mit einem Pakt. Das kann etwas Magisches sein, eine Pforte, die versiegelt oder verschleiert ist. Wie eine Wand, die sich nur öffnen lässt, wenn man das passende Wort oder den Hintergrund, die Ursache des Paktes, herausgefunden hat.

Du kennst bestimmt die Geschichte **Herr der Ringe**. Gandalf und seine Gefährten wollten in die Höhle der Zwerge gehen und standen vor einem großen Felsentor, einem magischen Tor, das sich nur mit dem richtigen Wort oder Spruch öffnete. So ähnlich ist es mit einem Pakt, der in früheren Zeiten, vor dem Mittelalter, abgeschlossen worden ist, oder mit einer Pforte, die an den Energiekörpern platziert wurde. Wird das magische Wort, bewusst oder unbewusst, ausgesprochen, dann öffnet sich die Pforte, und in dem Moment kommen Wesen heraus, aus einer anderen Seins-Ebene, und die Pforte schließt sich sogleich wieder.

Es kann unerwartet nach einer kompletten Reinigung passieren, dass die Pforten sich öffnen und sich wieder negative Wesen ansetzen. Dabei ist nicht nachvollziehbar, woher diese Wesen kommen und was sie mit der Person zu tun haben. Hier ist es am besten, wenn man eine Seelenreise für die Person macht, um dies herauszufinden und anschließend die Pforten wieder versiegelt und die gesamten Körper, bis hin zum Seelenkörper, reinigt.

Angriffe

Viele Menschen, die mich anrufen, erzählen mir, sie hätten das Gefühl, dass sie angegriffen würden, physisch und körperlich. Das Gefühl zu haben, stets beobachtet und kontrolliert zu werden, ist äußerst unangenehm. Ich weiß, dass es Geistwesen gibt, die einzelne Personen massiv angreifen oder attackieren. Ich kann nicht genau erklären, warum diese Geistwesen das tun. Nur so viel: Sie wollen Macht über den Menschen ausüben.

Ich kann dazu nur das berichten, was ich hierzu von meinen geistigen Lehrern gelernt habe.

Es gibt drei verschiedene Möglichkeiten/Arten von Angriffen:

1. Geistwesen, die sich in das Energiesystem der betroffenen Person einklinken. Hier gilt es zu unterscheiden: Sind es Geistwesen oder selbst erschaffene Wesen?

2. Lebende Menschen, die über ihre Mitmenschen entweder Macht ausüben wollen oder die Fähigkeiten der Person erlangen möchten.

3. Strahlungsempfindlichkeit: Äußere Angriffe, also eine mentale Beeinflussung, die täglich stattfindet, etwa durch Frequenzen, Funkstrahlungen und andere Strahlungen, denen wir ausgesetzt sind.

Zu 1. Meist sind es negative, intelligente Wesen, auch eine ganz bestimmte Gruppe von Außerirdischen, die Experimente mit Menschen machen, ohne sich mit ihnen abzusprechen. Sie suchen sich bestimmte Personen, zu denen sie sehr leicht Zugang haben und die recht labil sind und alles glauben, ohne zu hinterfragen. Sie nehmen erst Kontakt mit der Person auf. Diese glaubt, sie habe Verbindung zu geistig-göttlichen Wesen, die nett sind und viele Fragen beantworten.

Diese Wesen, ich nenne sie Kreaturen, finden ganz schnell die Schwachpunkte heraus und erstellen sofort eine Übernahme des Geistes der Person. Mit der Zeit werden sie dann aggressiv und bestimmend und fangen an zu attackieren.

Am Anfang habe ich schon die Anunakis erwähnt. Sie waren einst dabei in dem Spiel, die menschlichen Körper zu konstruieren. Sie erschufen Kreaturen, die überwiegend für ihre Belange nötig waren. Ohne Willen und Gefühle. Diese Kreaturen überlebten nicht auf Erden, weil sie nicht der göttlichen Ordnung entsprachen. Sie blieben aber in der Astralebene der Erde hängen, und als die Zwischenwelt entstand, gingen sie in diese hinein und entwickelten sich zu aggressiven Wesen. So konnten sie wahllos die Menschen noch besser attackieren.

Dann gibt es noch eine andere Variante: Die Erschaffung eines Elementarwesens. Betroffen sind die Menschen, die sich einsam fühlen und von der Welt und ihrem Umfeld nicht verstanden werden. Sie schotten sich ab von der Gesellschaft und leben nur für sich, so erschaffen sie sich ein Wesen nach ihren Vorstellungen. Sie reden miteinander, und es findet eine starke Bindung statt. Sie sind der festen Überzeugung, dass es ein Wesen ist, das Kontakt aufnimmt, und sie identifizieren und manifestieren dieses Wesen. So wird es auf einmal real zu einem Selbstläufer, und es fängt an zu attackieren. Dieses Wesen ist nichts anderes als ein Teil von Dir. Nur dieser Teil ist der Teil in Dir, der aggressiv und böse wirkt.

Du weißt, wir haben alle zwei Seiten in uns, eine helle und eine dunkle Seite. Es kommt darauf an, für welche Seite wir uns entscheiden. Lässt man den negativen Teil zu, passiert das Folgende:

Hier hat sich der Geist so gespalten, dass das selbst erschaffene Elementarwesen über das Leben der betroffenen Person bestimmt. Es hat etwas mit „Opfer sein“ zu tun, und zu gleicher Zeit wollen sie Macht ausüben. Nur die Macht stellt sich gegen sie selbst. Man nennt dies auch eine *Personifizierung* des selbsterschaffenen Wesens.

Die Ursache kann sein, dass sie entweder mit einer dominanten Person zusammenleben oder lebten. Sie können sich nicht wehren und erschaffen sich ein imaginäres Wesen, das dies für sie tut. Nur dieses Wesen richtet sich gegen den Erschaffer. Erst ist es freundlich, später wird es zu einer bösartigen Kreatur.

Es ist fast gleichgültig, ob es ein Wesen ist, das sich andockt oder selbst erschaffen wurde. Hier muss aber genau unterschieden werden: Ist es ein verstorbenes Wesen oder ein Wesen, das nur durch die Manifestation der Person entstanden ist?

Das selbst erschaffene Wesen ist nicht einfach von einer Person zu lösen. Das hat etwas mit dem freien Willen zu tun. Die Person muss dazu bereit sein, wieder über ihr Leben selbst zu bestimmen und Herrschaft über sich selbst zu gewinnen. Leider ist es so, dass nur die betroffene Person selbst das erschaffene Wesen zerstören kann.

Wie ich schon erwähnt habe, ist es sehr schwierig, dieser Person klarzumachen, dass sie selbst daran beteiligt ist und durch ihren eigenen Irrtum in so eine Lage kam, aus der sie nicht mehr herausfindet.

Ich wurde schon auf das Übelste beschimpft, als ich dies so erklärte. Wenn ich so etwas erlebe, dann halte ich inne und gebe der Person sehr viel Licht und Liebe und bete für sie, dass sie zum Erkennen findet. Mehr kann man leider nicht tun. Es sei denn, sie ist bereit. Hier ist sehr viel Geduld und Einfühlungsvermögen erforderlich. Die Person muss an sich selbst arbeiten, sich beobachten und Selbstreflexion einsetzen.

Zu 2. Du hast sicherlich schon einmal von „Energie-Ziehern", „Energieräubern" oder „Energie-Vampiren" gehört. Diese Menschen ziehen, bewusst oder unbewusst, die Energie ihrer Mitmenschen ab. Die beiden Gruppen greifen in das Energiesystem des Menschen ein, und zwar über den Ätherkörper zwischen Hals- und Brustwirbel. Sie benutzen die Thymusdrüse und saugen über diese Drüse die Energie von ihren Mitmenschen ab. Die Gruppe, die das unbewusst tut, ist harmlos. Entweder sie haben eine Anhaftung oder sie haben Defizite.

Wie zum Beispiel:

- fehlende Anerkennung
- sich nicht annehmen können
- sich als Opfer fühlen und alles dafür tun, um Opfer zu bleiben
- einen inneren Widerstand aufbauen
- fehlende Liebe

Sie benötigen die Energie der anderen, um sich einige Zeit wohlzufühlen. Es sind wirklich harmlose Menschen, sie brauchen nur Liebe. Wenn Du Dich nicht wohlfühlst bei so einer Person, dann ist es am einfachsten, wenn Du von ihr Abstand nimmst oder ihr freiwillig etwas abgibst.

Bei der zweiten Gruppe sieht das anders aus. Von solchen Menschen solltest Du Dich sofort abwenden und ihnen aus dem Weg gehen. Sie treten ganz harmlos auf, sie sind überfreundlich und schmeicheln sich gerne ein. Sie verwickeln Dich in ein Gespräch und mustern Dich. Sie schauen Deine Aura an, beziehungsweise scannen den Ätherkörper ab, welche Begabungen, welche Stärken und Schwächen und welche Ängste Du hast. Wenn Du für sie interessant bist, dann setzen sie alles daran, Dich näher kennenzulernen, damit sie Dich noch genauer untersuchen können. Haben sie die Schwachpunkte gefunden, beeinflussen sie Dich über diese Punkte, so dass Du es am Anfang gar nicht bemerkst. Sie beginnen dann, mit dem Vertrauen, das sie aufgebaut haben, zu spielen, und dann schlagen sie zu.

Sie haben die Gabe, sich eine Person exakt vorzustellen, und docken dann an das Nervensystem an. Sie gehen genau in das Empfindungszentrum und Erinnerungszentrum hinein, das am ersten Halswirbel, am ersten Steißbeinwirbel und an den dritten Brustwirbeln sitzt. Meist machen sie die Arbeit nachts, wenn der Betroffene schläft. Plötzlich bekommen die Betroffenen Träume von seltsamen Tieren oder von Spinnen, Schlangen oder von ihren Ängsten. Das sind keine Träume, sondern verbale Angriffe. Es ist die Person, die sich geistig (mental) in etwas verwandeln kann, wovor Du Angst hast. So können sie Deine Fähigkeiten und Begabungen genauer auskundschaften und sie Dir rauben. Manche gehen so weit, dass sie Dich mental beeinflussen. Du selbst fühlst Dich dann verfolgt und überwacht. Wenn sich die Person wehrt und sie bekommen nicht das Gewünschte, scheuen sie sich nicht, diese psychisch anzugreifen oder hörig zu manchen.

Sie gehen dann so weit, dass sie die Person mental und geistig überwachen. Sie sagen den Betroffenen geistig, was sie tun sollen und was nicht. Solche Menschen, die das anderen Menschen antun, sind meist in Geheimlogen vertreten oder in bestimmten Organisationen.

Sie haben nur ein Ziel: Sie wollen am liebsten die gesamte Menschheit beeinflussen. Ich zähle jetzt nicht auf, welche Logen und Organisationen dahinterstecken. Vielleicht kennst Du welche oder hast schon von der einen oder anderen gehört. Sie werden fanatisch, weil sie geistige und mentale Begabungen besitzen und weiter über diese Menschen Macht ausüben wollen. Einmal in ihren Fängen, lassen sie die Betroffenen nicht mehr los. Wenn sie das nicht bekommen, dann gehen sie so weit, dass sie Krankheiten auslösen oder sie quälen, bis sie sich selbst das Leben nehmen.

Ich habe mit einigen betroffenen Personen gesprochen. Es waren lange, interessante Gespräche. Sie erzählten mir sehr viel über ihr Leben, was sie einst alles machten und wie sie Menschen geholfen haben. Mit einigen blieb ich einige Zeit in Kontakt. Von ein paar Personen habe ich nichts mehr gehört oder ich erfuhr, dass sie die Erde verlassen hatten.

Menschen, die das anderen Menschen antun, haben kein Herz, keine Gefühle und kennen keine Liebe. Es sind sehr armselige Geschöpfe. Mehr kann ich dazu nicht sagen.

Leider konnte ich ihnen keine Hilfe anbieten, denn dabei begebe ich mich auf ein Gebiet, auf dem mir selbst Schaden zugefügt werden kann. Hier tritt der Selbstschutz in mir und der Schutz meiner geistigen Führungen und Lehrer ein.

Als einzig mögliche Hilfe zeige ich ihnen ihre Schwachstellen und wie sie mit ihren Ängsten umgehen können. Diese abzustellen, zu überwinden und sich ihrer Schwachstellen bewusst zu werden, diese anzunehmen, sich zu schützen und sich weiter in Gedankenkontrolle zu üben – darum geht es. Deine Skepsis und Deine Vorsicht sind Dein bester Schutz.

Zu 3. Insgeheim weißt Du, dass Funkstrahlungen, Chemtrails oder andere Strahlungen für die Menschen schädlich sind. Nur wird das leider nicht offiziell anerkannt. Man möchte uns weismachen, dass das nur Einbildung ist. Es gibt abertausende Menschen, die durch die Strahlungen erkranken oder unter den verschiedenen Strahlungen nicht mehr leben können. Sie leiden darunter. Sie fühlen sich ebenfalls verfolgt oder meinen, sie seien besetzt. Es ist keine Besetzung: Sie werden von den negativen

Strahlungen verfolgt. Diese Menschen haben ein sehr sensibles und ausgeprägtes Nervensystem, dadurch können sie die äußeren Einflüsse direkt wahrnehmen. Dies ist bei sehr vielen Menschen stark ausgeprägt. Sie leiden regelrecht unter den negativen Strahlungen. Nur in der freien Natur, fernab von den Strahlungen, fühlen sie sich frei und gesund. Davon gibt es leider immer weniger Plätze.

Es geht sogar so weit, dass manche das Gefühl haben, unter der Haut bewege sich etwas, und sie glauben, sie seien besetzt. Dies ist nicht so. Ihr Körper reagiert auf Strahlungen sehr intensiv. Wenn sich diese Menschen in einem starken Strahlungsfeld befinden, kann es sein, dass ihr Körper völlig zusammenbricht. Diese Gruppe von Menschen ist nicht verrückt, sondern hoch sensibel auf alle Strahlungen, und das Empfindungszentrum B3 und S1 ist zu sehr ausgeprägt. Man muss die Matrix, das Quantenfeld, der Person behandeln. Hier kann ich nur einen sehr guten und erfahrenen Quantenheiler empfehlen.

Sie meinen, sie seien besetzt oder jemand ziehe ihnen Energie ab. Die meisten spüren es im Solarplexus oder am Körper, wie ein Stechen, Schwäche oder Müdigkeit. Ihr Körper fängt an zu brennen oder zu schmerzen. Es ist egal, wo sie sich aufhalten. Wenn ich bei diesen Personen keine Anhaftungen an den Energiekörpern entdecke, dann frage ich sie, wie sie sich im Wald oder am Meer fühlen. Spontan kommt oft die Antwort: „Sehr gut."

Diese Symptome haben nichts mit einer Besetzung zu tun. Es sind Auswirkungen der Strahlen, die auf die Körper negativ einwirken.

Es sind schon sehr viele Menschen davon betroffen, doch es wird von gewissen Stellen nicht anerkannt. Im Gegenteil, sie werden als Spinner und als psychisch krank abgetan. Für mich sind diese Menschen ein Hinweis, dass unsere Umwelt verseucht ist. Vor allem in den Ballungsgebieten. Hier komme ich wieder zu den Angriffen von außen. Ich bin der Überzeugung, dass wir tagtäglich besendet und manipuliert werden, entweder durch Radio, Fernsehen, Internet oder Handy. Dies sind noch die harmloseren Angriffe, denn man kann sie abstellen, wenn man will. Viel schlimmer sind die Besendungen, die nachts durchgeführt werden, von Funkstrahlungen oder eventuell von Satelliten oder bestimmten Gerätschaften und Technik. Wie ich schon gesagt habe, greifen sie den Menschen an seinen Schwachpunkten an sowie an Themen, die noch nicht bearbeitet sind.

In meiner Praxis ist mir aufgefallen, dass fast jeder über den Astral- oder Mentalkörper mental beeinflusst wird.

Warum wohl?

Hier gibt es nur die Möglichkeit, die Energiebahnen oder Tore zu versiegeln und an sich zu arbeiten:

- Es geht darum, sich wieder zu ermächtigen, Herr über seinen Geist und Körper zu werden und sich in Gedankenkontrolle zu üben.

Es gibt genügend alternative Möglichkeiten, um mit den einfachsten Mitteln für ein Wohlbefinden der Menschheit zu sorgen. Leider werden diese Möglichkeiten sofort unterbunden, so dass sich dies nicht in der Öffentlichkeit verbreitet. Ich meine solche Erfindungen, die für jeden auf eine einfache Weise und mit wenig Aufwand hergestellt werden könnten, um vor den negativen Strahlungen zu schützen oder diese ganz abzuschaffen.

Zum Beispiel:

Aluminiumfolie schützt vor Funkstrahlungen im Haus. Man nimmt einen alten Blumentopf, wickelt diesen mit Aluminiumfolie fünf- bis sechsfach ein und stürzt ihn dann über die Station des Funktelefons. Du kannst Dir auch Aluminiumplatten in drei bis vier Millimeter Stärke besorgen und daraus einen Würfel bauen oder an den Fenstern von außen ein Aluminiumgitter befestigen. Mein Ehemann hat dies bei uns zu Hause gemacht. Durch dieses einfache Mittel hat er erreicht, dass sich die Funkstrahlungen in den Räumen erheblich reduziert haben. Du kannst es gerne ausprobieren.

Zirbenholz soll, wenn der ganze Raum damit ausgestattet ist, Handy-Strahlungen abschirmen.

Liegt man in einem Zirbenholzbett, ist eine Erdung während des Schlafes vorhanden, eine mögliche Strahlung wird abgeschirmt und der Körper kommt durch den Geruch der Zirbe zur Ruhe.

Stimmen hören

Wenn mir jemand erzählt, dass er Stimmen im Ohr hat, die Befehle geben und ihn quälen und belästigen, ist es meistens keine Besetzung.

Wie schon erwähnt, hat jeder Mensch zwei Seiten in sich, eine helle und dunkle Seite. So wie Liebe und Hass sehr nahe beieinander wohnen. Hier liegt eine Abspaltung des eigenen Geistes vor. Nicht zu vergleichen mit abgespaltenen Wesensanteilen, die ich in meinem ersten Buch beschrieben habe.

Es geht um die Person selbst. Durch ein sehr unangenehmes, traumatisches Erlebnis oder ein schreckliches Ereignis, an das sie sich selber nicht mehr erinnern kann oder will, weil sie es ausgeblendet hat, will sie nicht mehr hinschauen. In dieser Phase eines tiefen Entsetzens kann sich der eigene Geist spalten und dann hören die Personen auf einmal Stimmen, die sehr aggressiv sein können. Sie kommen aus ihnen selbst heraus, und zwar aus ihrer eigenen dunklen Seite. Diese Abspaltungen können ganz freundlich sein, aber in bestimmten Situationen werden sie auf einmal aggressiv, und die Stimme sagt dann: „Bring Dich um“ oder „Schubs ihn weg“. Diese Personengruppe glaubt aber fest daran, dass sie eine Besetzung hat und/oder von Wesen manipuliert wird. Sie geht teilweise sogar so weit, dass sie behauptet, sie seien von einem Dämon besetzt. Es ist sehr schwierig, diesen Personen klarzumachen, dass sie es selber sind. Sie müssten nur die Situation oder das Erlebte noch einmal betrachten, als Beobachter, dann würden sie sehen, dass die Stimmen allmählich verstummen.

Wenn Du Dich davon betroffen fühlst, kann ich Dir folgenden Rat geben.

1. Dem negativen Teil von Dir keine Beachtung schenken.
2. Annehmen und den negativen oder bösen Teil von Dir mit dem guten, liebevollen Teil zu lieben beginnen.
3. Sich den Seelenanteil von einem guten, erfahrenen Schamanen wieder einfügen lassen. So kann sich Dein Geist mit der Zeit allmählich erholen – und die Stimmen verschwinden von selbst.

Wenn jemand zu mir kommt, reinige ich seine Energiekörper und seine feinstofflichen Kanäle und gleiche sein Gleichgewichtszentrum aus. Beim Gespräch mache ich der Person klar, dass sie ihre Sichtweise überdenken und Gedankenkontrolle üben sollte.

Auch der Tinnitus kann eine Folge von unangenehmen Erlebnissen und der Weigerung sein, die Situation anzunehmen.

Ich hatte schon einmal einen Klienten, der unbedingt eine Reinigung von mir wollte. Als ich ihn gereinigt hatte, sagte ich ihm, er solle sich eine Klanggabel an die Ohren halten und den Ton in das Ohr aufnehmen oder eine Klangschale auf die Wirbelsäule stellen (B2/K5/B8). Der Klang wird vom Körper aufgenommen und wirkt so ausgleichend.

Nach einiger Zeit sagte er mir, dass die Stimmen verschwunden seien. Dies war ein einfacher Fall, weil die Person mit sich gearbeitet und sich selbst reflektiert hatte.

Auch nicht jede Krankheit ist eine Folge einer Besetzung. Meine persönliche Sichtweise hierzu ist: Krankheiten sind unter anderem Ursache von äußeren Belastungen, wie zum Beispiel geopathischer Strahlung, Funkstrahlung oder eines falschen Denkens, der Lebensumstände oder einer Opferhaltung. Manche wollen oder brauchen eine Krankheit, um leben zu können.

Kundalini

Ein zu schnelles Freisetzen der Kundalini-Energie kann für Personen, die noch nicht dafür bereit sind, in ihrer geistigen Entwicklung schädlich sein.

Ist dies passiert, dann kommen das ganze Energiefeld, die Chakras und der physische Körper durcheinander und werden gestört. Der Betroffene kann dann mit dieser Energie nicht mehr umgehen. Es treten Schmerzen, Ohrensausen, Stechen bis hin zu Schüben mit sehr hohem Fieber und sogar Bewusstlosigkeit auf. Es kann geschehen, dass bei einer zu schnellen Aktivierung der Kundalini-Energie der Körper verrücktspielt.

Was kann man tun?

Zunächst einmal die Kundalini-Energie nicht zu schnell aktivieren. Falls es doch zu früh geschehen ist, gilt es, dem Körper Ruhe zu geben. Nichts zu tun und einfach abzuwarten, bis der physische Körper sich beruhigt hat und sich die Energiekörper selbst ausgeglichen haben. Wie bei einer Grippe – der Körper möchte Ruhe.

Am besten dem Körper Ruhe geben und ihn machen lassen. Normalerweise vergehen die Beschwerden innerhalb einer Woche. Falls keine Besserung eintritt, sollten die vorderen und rückwärtigen Chakras ausgeglichen werden.

Reptilien, Dämonen, Satan, Teufel

Hierzu möchte ich gleich zu Beginn etwas klarstellen. In Wirklichkeit gibt es keinen Teufel oder Satan. Es sind Manifestationen aus der vergangenen Zeit des Mittelalters, wo eine bestimmte Gruppe von sogenannten Gläubigen verkündeten, es gäbe eine Hölle des Teufels oder Satans und die, die sich nicht zu ihrem Glauben bekannten, würden von Teufel oder Satan geholt werden und in die Hölle kommen. Das ist eine uralte Dogmatisierung, die bis heute noch von vielen geglaubt wird. Durch meine Reisen in die Zwischenwelt habe ich in den ganzen Jahren noch keine Bekanntschaft mit diesen Wesen gemacht. Es gibt durchaus sehr dunkle Wesen, aber ich würde sie nicht so benennen. Für mich sind es einfach dunkle, schwarzmagische Wesen, die wiederum von Menschen manifestiert worden sind.

Wenn ich von dämonischen Wesen spreche, dann sind es Wesen, die schemenhafte Fratzen haben. Es sind lichtlose Wesen, die ohne göttlichen Kern sind. Ich erkenne diese Wesen sehr gut, weil sie eine spezielle Eigenart aufweisen. Sie können kein göttliches Licht vertragen und haben Angst vor der Liebe. Dämonen sind wiederum erschaffen worden von großen Schwarzmagiern. Meistens hat die betroffene Person in einem früheren Leben auch mit schwarzer Magie zu tun gehabt und schwarze Magie an ihren Mitmenschen ausgeführt. So ist eine Pforte erschaffen worden, durch die von Inkarnation zu Inkarnation derartige Wesen mitgebracht wurden. Durch diese Pforte oder feinstoffliche Bahnen können diese Verbindungen immer bestehen bleiben. Seltsamerweise haben diese Personen etwas Anziehendes. Sie haben die Gabe, sich so zu verstellen, dass viele Leute auf diese Person hereinfallen, wodurch diese dann bewusst die Energie von den Menschen abziehen kann; aber auf eine Art und Weise, die nicht sofort auffällt. Ich habe schon ein paar Mal Fotos von Körpern gesehen, mit bestimmten Zeichen, die aussahen wie Narben. Hier ist wirklich Vorsicht geboten. Diese Personen sind uralte Wesen, die schon viele Inkarnationen hinter sich haben, aber sich nicht von den schwarz-magischen Machenschaften trennen wollen. Sie sind so stark manipuliert, dass es wieder ein Hinweis auf die Anunakis ist, die noch heute, so ist meine Sichtweise, in der menschlichen Manipulation mitmischen.

Mir fällt dazu ein Telefonat mit einem jungen Mann ein. Er sagte zu mir, er sei besetzt von einem Wesen, das ihn manipuliere und sehr viel Energie abziehe. Ich hörte genau hin, wie seine Stimme klang, und ich konnte anhand der Stimme und der Energiekörper erkennen, dass ein verstorbenes Wesen an seinem Energiekörpern hing. Das verstorbene Wesen wiederum hatte an seinen Körpern eine Anhaftung von einem dämonenartigen Wesen. Plötzlich sagte der junge Mann, es sei ein Reptil, und man sehe es ihm an. Ich bat ihn, mir ein Foto zu schicken, um ihn besser und näher anzuschauen.

Ich muss zugeben, er verunsicherte mich, und ich hatte auf einmal ein sehr seltsames Gefühl. Ich bemerkte an mir, dass mir Energie fehlte. Ich wusste, dass sich Reptilien sehr gut tarnen können. Noch am selben Tag erhielt ich das Foto. Als ich das Bild von dem jungen Mann betrachtete und mir die Energiekörper genauer ansah, wusste ich, dass mich mein erster Eindruck der Energiekörper nicht getäuscht hatte. Es war kein Reptil. Es war ein verstorbenes Wesen, das wiederum eine Besetzung am Energiekörper hatte und zusätzlich noch ein dämonisches Wesen an seinem Seelenkörper, das es von seiner Inkarnation mitgebracht hatte. Also hatte er in seinem früheren Leben etwas mit schwarzer Magie zu tun gehabt. Darum der Energieabzug. Ein paar Tage später rief er mich wieder an. Ich teilte ihm mit, was ich gesehen hatte und wie ich ihm helfen könnte. Zu meiner Überraschung entgegnet er mir, dass er das nicht glaube. Er sei von einen Reptil besetzt, und ich könne ihm nicht helfen. Er legte einfach auf.

Reptilienwesen suchen sich allerdings nicht die sogenannten normalen Menschen aus. Sie suchen sich Personen aus, die höher gestellte Berufe haben, die gierig nach Macht sind und gerne über Menschen bestimmen und diese dirigieren wollen. Es sind die sogenannten *Machtmenschen*. Ich habe schon öfter Personen gesehen, die von Reptilien bestimmt werden. Reptilienwesen haben kein Herz und kein Gefühl. Sie haben eine gewisse erhabene Haltung, ihre Energiekörper sind dunkelrot, und auch ihre Augen glänzen ganz dunkel, fast schon schwarz. Die Reptilien verstecken sich in den sogenannten Logen und in gewissen Organisationen. Für mich sind es Wesen noch aus der Ursprungszeit der Menschheit.

Haus- und Gebietsreinigungen

Als Nächstes möchte ich auf ein anderes Thema eingehen, und zwar auf verstorbene Wesen oder andersartige, nichtmenschliche Wesen, die sich nicht an die Energiekörper hängen, sondern sich auf Gebiete und Häuser legen und so die Menschen, die dort leben, belasten.

Diese verstorbenen Wesen können nicht loslassen von ihren Ängsten und Zweifeln, ihrer Schuld, ihren Verurteilungen und ihren inneren Widerständen.

Ich beobachte, dass sie so weiterleben, als wenn sie noch einen physischen Körper hätten. Ihnen ist nicht bewusst, dass sie verstorben sind. Sie werden schreckhaft, wenn bauliche Veränderungen stattfinden, oder sie bemerken auf einmal, dass irgendetwas mit ihnen nicht stimmt. Dann möchten sie auf sich aufmerksam machen. Dann treten Klopfgeräusche oder Stapfen auf. Sie tun nichts Böses, sie können sich nur nicht alleine befreien.

So, wie ich es bereits beschrieben habe: Der Mann, der nur mit Ängsten, Schuld und Verzweiflung lebte, und die Frau, die so hasserfüllt war und Zorn und Groll gegen einen Mann verspürte. Sie konnten nicht verzeihen.

Es ist mein Anliegen, auf Reinigungen von Häusern oder Gebieten einzugehen.

Durch das vermehrte Reisen in die Zwischenwelt, um Häuser zu reinigen, ist mir aufgefallen, dass manche Häuser schon des

Öfteren energetisch gereinigt wurden. Leider stellte ich fest, dass hier nicht ganz exakt gearbeitet worden war.

Ich habe zum Beispiel gebannte Verstorbene entdeckt, die qualvoll gefesselt waren. Auch wurden Licht-Tore geöffnet und nicht mehr verschlossen. Es sind magische Tore, wie Dimensionsüberschneidungen, vorhanden. Das sind Tore, durch die negative Wesen hinein- und herausgehen und negative Energien aus einem Anti-Universum unbeobachtet auf den Platz oder das Gebiet einfließen können.

Zudem sehe ich oft, dass Steine oder Symbole ausgelegt werden, oder ich nehme den Geruch von Weihrauch oder Salz wahr. Diese Dinge sind nicht förderlich gegen verstorbene oder andersartige Wesen. Auch manche Verstorbene schütteln darüber den Kopf, denn sie verstehen den Grund dafür nicht. Damit wird alles noch schlimmer!

Zum Beispiel Weihrauch. Dieser Geruch ist im Astralen gespeichert und zieht den Verstorbenen noch mehr an. Anstatt ihn zu vertreiben, fühlt er sich durch den Geruch in seinem Noch-Dasein bestätigt.

Auf dies alles sollte geachtet werden; denn selbst die verstorbenen Wesen leiden darunter und können noch nicht gehen.

Wenn ich die Zwischenwelt betrete, spüre ich auch heute noch Entsetzen, wenn ich gebannte verstorbene Wesen sehe. Es ist für diese verstorbenen Wesen qualvoll und eine Folter. Stelle Dir vor, Du wirst geknebelt und gefesselt, mit Ketten und Seilen an etwas festgebunden. Du bekommst alles mit und möchtest schreien, aber niemand hört oder sieht Dich. Du kannst nur noch Energie von den lebenden Menschen ziehen, mehr nicht! Was für eine Qual!!!

Das Erste, was ich hier mache, ist, diese Wesen von ihrem Bann zu erlösen und sofort in die Pforte des Lichts zu bringen.

- Ich bitte daher: Wenn Du schon verstorbene Wesen in Häusern befreist, dann achte darauf, dies ohne Bannen oder jegliches Ritual zu tun. Hierfür braucht es Derartiges nicht.

- Achte darauf, dass Du, wenn Du schon ein Lichttor öffnest, es auch wieder verschließt; und zwar ganz und vollständig, nicht bloß halb oder gar nicht. Durch diese Tore können andersartige Wesen aus einem Anti-Universum kommen und zusätzliche negative Energie kann hereinströmen, welche die Bewohner und die ganze Gegend noch heftiger belasten. Diese andersartigen Wesen sollten mit Licht und Liebe erlöst werden.

  Ich habe gehört, dass viele dieser Wesen sich transformieren und in Licht einhüllen. Warum sie das machen, weiß ich nicht. Ich weiß nur, dass diese Wesen kein Herz haben und kein Gefühl besitzen. Im Gegenteil, sie können damit überhaupt nichts anfangen. Wenn ich diesen Wesen nur Liebe gebe, verpufft sie. Darum sage ich, die andersartigen Wesen werden als Form aufgelöst.

- Wenn Du verstorbene Wesen in Häusern erlöst, dann sollte alles im Haus gereinigt werden, denn verstorbene und andersartige Wesen hinterlassen Abdrücke negativer Energien. Auch Viren, Pilze, Bakterien und Gerüche, die sich energetisch festsetzen, gehören auf allen Ebenen aufgelöst und gereinigt. Dann gehört noch dazu, dass Du auf negative Tore achtest. Diese muss man reinigen und versiegeln, so dass die Tore keinen Schaden mehr anrichten können. Danach sollte die göttliche Ordnung auf dem Platz wiederhergestellt werden.

Hier nochmals neun Schritte in Zusammenfassung:

- Schütze Deine ganzen Energiekörper.
- Lasse Deine ganze Liebe und Licht ausstrahlen.
- Mache Dich frei von allen Gedanken.
- Spüre, sieh hin und beobachte, was im und um das Haus ist:
  - Wie viele verstorbene Wesen?
  - Wie viele negative Wesen?
  - Wie viele Elementarwesen?
  - Wie viele Tore?
- Erlöse und entferne zunächst alle verstorbenen Wesen und alle negativen Wesen.
- Reinige und versiegele alle Tore.
- Entferne alle Abdrücke von Möbeln, Mauern, Böden, Wänden – vom Keller bis zum Dach.
- Stelle die göttliche Ordnung wieder her und sorge für Klärung.
- Lege ganz viel Licht und Liebe mit hinein und lege alle positiven Eigenschaften, die die Bewohner benötigen, in die Lichtsäule.

Ganz wichtig: Entferne Deine Abdrücke!

Das größte Abenteuer in unserem Erdendasein ist, mit sich selbst zu arbeiten und zu erforschen, was das wahre Wesen in uns ist.

Der Mensch

„Er opfert seine Gesundheit, um Geld zu verdienen. Wenn er es hat, opfert er sein Geld, um seine Gesundheit zurückzuerlangen. Und er ist so auf die Zukunft fixiert, dass er die Gegenwart nicht genießt.
Das Ergebnis ist, dass er weder die Gegenwart noch die Zukunft lebt.
Er lebt so, als ob er nie sterben würde, und schließlich stirbt er, ohne jemals richtig gelebt zu haben.“

Dalai Lama

Wenn ich unter vielen Menschen bin, zum Beispiel beim Einkaufen in der Stadt, sehe ich zwischen der materiellen Welt, wie ich sie nenne, und der Zwischenwelt keinen Unterschied. Die Leute rennen fremdgesteuert in der Gegend herum, sie gehen der Arbeit nach, machen dies und das. Sie reden, schimpfen und vieles mehr. Sie sind nicht bei sich. Sie merken gar nicht, dass ihre Energiekörper immer schwerer und schwerer werden, dass sich Krankheiten ausbreiten.

Mir kommt es manchmal so vor, als wenn es lebende Leichen sind. Sie leben nicht mehr! Sie alle tragen einen Kampf mit sich selbst aus. Das ist nicht Leben, das ist eher „Sterben auf Raten".

Viele Menschen leben noch immer ganz in der Außenwelt. Die kleine Welt in ihnen ist in Ordnung, bis plötzlich etwas Unvorhergesehenes passiert, wie Krankheit, Arbeitslosigkeit und Geldnot. Ihre kleine Welt bricht zusammen. Manche können mit gewissen Schwierigkeiten nicht umgehen. Sie geben sich plötzlich ganz auf und fangen an, überall Hilfe zu suchen. Sie denken, irgendjemand müsse ihnen helfen. Angebote gibt es leider viel zu viele. Es mag sich hart anhören, aber genau diese Menschen bleiben in der Zwischenwelt hängen und belasten die Lebenden.

Die häufigste aller Fragen lautet daher:

„Wie kann ich mich schützen vor verstorbenen Wesen?"

Es stellt sich mir jedoch eine ganz andere Frage:

„Was kann ich tun, um nicht auch in der Zwischenwelt hängen zu bleiben (und andere Lebende zu belästigen)?"

oder

„Was kann ich tun, um die dunkle, kalte Zwischenwelt nicht mehr zu nähren?"

Ganz einfach:

- Schuldzuweisungen, Widerstand und Ängste aufgeben.
- Sich nicht mehr so wichtig nehmen und Situationen, in denen man gerade feststeckt, annehmen. Sich selbst lieben. Die Situation lieben.
- Frage Dich einmal, ob es wirklich so wichtig ist, immer wieder in die Vergangenheit hineinzugehen, diese aufzudröseln, um die Ursache einer Situation herauszufinden.
- Sind es vielleicht nur Deine negativen Gedanken und eventuell falsche Sichtweisen?

Dankbarkeit ist eine Magie

Dankbar zu sein, für das, was man hat und ist. In Demut erkennen, dankbar sein und den Ist-Zustand akzeptieren.

Wenn mich jemand anruft und darum bittet, ihn zu heilen, antworte ich, dass ich keine Heilerin bin. Ich weiß, dass sich jeder Mensch selbst heilen kann, denn in jedem steckt die Macht, sich zu heilen, sein Leben zu gestalten und vieles mehr.

Ich helfe jedem, der bereit ist, sich wieder selbst zu ermächtigen, Herr und Meister über sich selbst zu werden und nach seinen eigenen Vorsätzen/Regeln zu leben.

Ermächtigung ist das Wort zur Heilung. Es meint, wieder Verantwortung über seinen Körper und Geist zu erlangen und sich bewusst zu werden, dass der Geist die Materie beherrscht.

Von den vielen Reisen in die Zwischenwelt wurde mir bewusst, dass das Wichtigste das **Loslassen** ist. Vorurteile, Verurteilen, Schuld, Ängste oder Widerstand, das bedeutet die Trennung vom göttlichen Sein. Der Tod ist nur eine Schwelle, über die wir alle gehen – es ist der letzte Atemzug dieses Lebens (vieler Leben) und die Schwelle zum ewigen Frieden im Licht, das der Ursprung ist. Der letzte Atemzug ist das Loslassen von der Hülle des Körpers.

Ich frage mich daher:
Sind wir wirklich vorbereitet auf das Neue Zeitalter?
Sind wir vorbereitet für die Wandlung hier auf Erden?

Als Du und ich noch Geistwesen waren, wussten wir darüber Bescheid, also wollten wir genau in dieser Zeit inkarnieren. Wir alle haben das Tor des Vergessens durchschritten, das macht jeder, bevor er inkarniert. Daher der Geburtskanal. Nur jetzt ist die Zeit gekommen, wo wir alle uns daran erinnern. Allerdings halten uns das Ego und gewisse Manipulationen davon ab.

Nur wir können entscheiden, was wir mit der Zeit, die wir hier auf Erden verbringen, anfangen. Du entscheidest jeden Tag neu, wie der Tag verlaufen soll. Du besitzt die Macht, wie Du den Tag erleben wirst. Jeder Mensch ist ein wundervolles Geschöpf. Öffne jetzt Dein Herz und lies diese Zeilen.

Gehe weit zurück, Ionen von Zeiten, wo Du nur Licht warst und voller Liebe lebtest, kein Urteil vergabst, unter keinen Ängsten littest, keine Wertigkeit kanntest und keine Schuldgefühle oder Schuldzuweisungen. Du warst frei von allem und befandest Dich in der absoluten Leere der Liebe. Als Du Dir wieder einmal vorgenommen hattest, auf Erden zu inkarnieren, hast Du bestimmt, wo und in welchem Land Du leben willst, in welcher Stadt oder in welchem Dorf. Welche Eltern Du haben möchtest, was Du erleben und welche Erfahrungen Du ausleben wolltest. Du hast Dich mit anderen Lichtwesen verabredet, die vor Dir oder nach Dir inkarnieren und die Dich im Leben begleiten sowie welches Karma Du mit ihnen nochmals erleben willst, um dies aufzulösen.

Du fängst an, Deinen Lebensplan für diese einzigartige Inkarnation zu gestalten. Deine Seele speichert alles ab, was sie sich vornimmt, und es wird abgesegnet von Deinem höheren Selbst und Deinem Schutzengel. Das ist schon eine große Manifestation der Seele. Dann kommt die größte Manifestation des Körpers. Groß oder klein, dick oder dünn, je nachdem, was sich die Seele vorgenommen hat. In welchem Körper, in welcher Hülle sie das alles erleben möchte.

Wie ich schon erwähnt habe, ist der Körper, nach meiner Meinung, die größte Manifestation, die wir vollbringen. Der menschliche Körper ist eine einzigartige Konstruktion im Zusammenspiel der ganzen Organe, Zellen und des Nervensystems. Du weißt, dass unser Körper der perfekte Goldene Schnitt ist. Das hat Leonardo Da Vinci herausgefunden.

Du weißt, das Herz ist der Motor des ganzen Systems. Das Herz ist mit dem Gehirn verbunden. Das Gehirn besteht aus Zellen und Nervenbahnen, die wiederum unsere täglichen Abläufe ausführen. Es gibt im Herzen eine Stelle, die man auch Seelenraum nennt. Es ist einfach, in diesen Raum zu gelangen.

Übung:

- Konzentriere Dich auf Deine Zirbeldrüse in der Mitte des Kopfes. Lasse Deinen Geist frei, lasse alle Gedanken los oder lege sie beiseite und widme Deine Aufmerksamkeit nur der Zirbeldrüse. Verweile einen Augenblick, dann richte Deine Aufmerksamkeit auf das Hals-Chakra.

- Gehe gedanklich in Dein Hals-Chakra. Spüre, wie Dein Hals-Chakra nach vorne und hinten ausstrahlt. Verweile einen Augenblick dort und lasse Deine äußere Welt los. Gib dem Geist die Möglichkeit, sich frei zu bewegen. Nun richte Deine Aufmerksamkeit auf Dein Herz-Chakra.

- Fahre, wie mit einem Fahrstuhl, ganz sanft hinunter ins Herz-Chakra. Du spürst hier Liebe, Vertrauen und Freiheit. Weite Dich ganz aus.

- Dann konzentriere Dich auf Deinen Herzmuskel, gehe in die Kammer hinein. Spüre das Pochen des Herzens. Spüre, wie Dein Herz das Blut pumpt. Sei in vollkommener Liebe und im Vertrauen. Lasse Dich fallen und lasse Dich von Deinem Geist, Deinem inneren Wesen, führen.

- Es führt Dich in Dein Herz, in Deinen Seelenraum. Das ist der Punkt oder die Stelle, wo sich kein Arzt einzugreifen traut. Man sagt, dort sei der Sitz der Seele. Lasse Dich fallen und tritt ein in Deinen innersten Raum. Schaue Dich um, was Du entdeckst und spürst. Dort sitzen Wissen, Klarheit, Reinheit, Grenzenlosigkeit, Freiheit und Wahrheit. Dort spürst Du das Universum. Wir sind alle mit dem großen Universum verbunden, und in uns ist ein Teil davon. Dort wirst Du erfahren, dass wir von der Zukunft in die Vergangenheit zurückgehen.

- Stelle Dir jetzt einen leeren Raum vor. Du bist umgeben von Leere und hast die Möglichkeit, diesen Raum jetzt zu füllen. Vielleicht dauert es, bist Du den richtigen Dreh heraus hast. Dies ist eine so leichte Übung, und man kann sie jederzeit ausführen. Mir wurde gesagt, dass wir nur fünfzehn bis zwanzig Minuten verweilen sollen. Diese Zeit reicht vollkommen aus, um sich zu erholen, neue Lebensenergie zu schöpfen und um Deine eigene Herkunft herauszufinden.

Es ist wichtig, immer wieder einmal die Aufmerksamkeit auf das Herz zu richten, denn das Herz arbeitet Tag und Nacht. Es schaut, dass jedes Organ optimal versorgt wird, durch die einzelnen Adern und Venen. Es ist ein perfekter Kreislauf, den Du erschaffen hast. Du allein hast die Macht, über Deinen Körper zu bestimmen, und die Verpflichtung, ihn zu pflegen und ihn intakt zu halten.

Wenn ich diese Übung einmal nicht ausführen kann, weil ich zu viel zu tun habe, richte ich meine Aufmerksamkeit am Abend auf mein Herz und rede mit ihm.

Ich bedanke mich und sage:

„Danke, dass Du für mich da bist.
Danke, dass Du meine Organe versorgst
und für mich schlägst, ich liebe Dich.“

Dabei umarme ich das Herz geistig, gebe ihm viel Licht und Liebe und schenke ihm ein Lächeln. Das kann mit jedem einzelnen Organ, mit allen Gliedmaßen und Muskeln gemacht werden.

Probiere es einmal aus und mache dies einen Monat lang. Du wirst an Dir beobachten, dass Du ein ganz anderes Körpergefühl bekommst und einen besseren Bezug zu Deinem Körper. Du wirst merken, dass Du Deinem Körper nur Befehle geben musst – und er führt sie aus. Du bist der Erschaffer Deines Körpers. Er ist ein Gefährte der Seele und Deines inneren geistigen Wesens. Ich habe es selbst ausprobiert. Zum Beispiel gab ich meinem Körper den Befehl, dass er Körpergewicht und Umfang reduzieren solle. Ich war selbst erstaunt. Tatsächlich hatte ich auf einmal das Gefühl, abgenommen zu haben, da meine Hosen viel lockerer passten.

Ich wiederhole: Nur Du hast die Macht, jeden Tag über Deinen Körper, Deinen Geist und über Dein Leben zu entscheiden. Die Macht liegt in Dir, durch Dein Wissen, das Du mitgebracht hast. In Dir liegt die Kraft der Dankbarkeit. Jeden Tag zu danken, wie Du den Tag erlebt und wie Du ihn gestaltet hast – und ihn mit Dankbarkeit wieder loszulassen. In Dir lebt die Macht! Das wahre Denken meint nicht nur, *positiv zu denken*, sondern auch darauf zu achten, wohin Du die Aufmerksamkeit richtest.

Dazu fällt mir ein Weisheitsspruch ein:

> Achte auf Deine Gedanken, denn sie werden Worte.
> Achte auf Deine Worte, denn sie werden Handlungen.
> Achte auf Deine Handlungen, denn sie werden Gewohnheiten.
> Achte auf Deine Gewohnheiten, denn sie werden Dein Charakter.
> Achte auf Deinen Charakter, denn **er wird Dein Schicksal.**

Wenn Du aufstehst und Dich über jemanden ärgerst, steigerst Du Dich hinein und bleibst in der Energie der negativen Gedanken – oder Du legst sie ab.

Du hast die Wahl, was Du denkst und wie es Dir geht, was Du bist und wie Dein Leben verläuft.

Wenn Du nicht weißt, dass Du arm bist, fühlst Du Dich reich, weil es für Dich, das wahre Sein, kein arm oder reich gibt.

Jeder von uns lebt entweder in der Vergangenheit oder in der Zukunft, leider nur selten in der Gegenwart. Der einzige Gegenspieler ist das Ego in uns.

Das Ego ist unser Handikap. Es verurteilt, sucht nach Schuld, hat Ängste und baut den inneren Widerstand auf.

Durch die vielen Reisen in die Zwischenwelt, um verstorbene Wesen in die Pforte des Lichts zu bringen, habe ich für mich sehr viel gelernt und erkannt. Verstorbene Wesen bleiben daher hauptsächlich in der Zwischenwelt, weil sie

- Ihr Leben lang eigene Widerstände aufgebaut haben.
- Schuld oder Vorurteilen (Schuldzuweisungen) unterliegen.
- Von unterschiedlichsten Ängsten und Dogmen gequält werden oder sich haben quälen lassen.
- Situationen nicht loslassen konnten.

Gehen wir auf die ersten drei Punkte genauer ein.

1. Widerstand

Die geistige Welt sagt darüber: Widerstand ist eine Illusion des Egos!

Wenn man Situationen, wie sie gerade sind, nicht akzeptieren will und sich dagegen wehrt, baut man selbst einen Widerstand auf.

Du versalzt die Suppe, probierst sie immer wieder und ärgerst Dich immer wieder über das Missgeschick, dass Du die Suppe versalzen hast. Du ärgerst Dich, Dein Ego ärgert sich, aber das Salz geht aus der Suppe nicht mehr heraus. Das speichert sich in Deinem Unterbewusstsein ab. Vielleicht kommt es Dir in Deinen Gedanken immer wieder hoch, dass Du die gute Suppe versalzen hast – und der Ärger und Dein Problem sind wieder da. Du kommst einfach nicht von dem Problem los. Obwohl es so einfach wäre, die versalzene Suppe einfach wegzuschütten und zu sich selber sagen: Gut, mein Fehler, das nächsten Mal bin ich achtsamer.

Jetzt komme ich ganz kurz auf ein Thema, das überwiegend uns Mütter betrifft. Wir geben so viel Liebe in unsere Kinder, wir schauen, dass es ihnen gutgeht und sie sorgenfrei leben können. Wir Mütter umgarnen die Kinder und vergessen dabei, dass die Kinder mit der Zeit Widerstände aufbauen. Sie lehnen die Liebe von uns ab und können dann keine Liebe zeigen. Sie werden stumpfsinnig und bauen innere Widerstände auf. Wir Mütter sollten unsere Kinder loslassen.

Wenn ich dies erwähne, werden alle Mütter ganz still oder sagen: „Das kann ich nicht! Mein Kind ist mein Ein und Alles.“ Die Betonung liegt auf **mein Ein und Alles**.

Es ist ganz einfach, unsere Kinder loszulassen.

Auch ich bin Mutter zweier Kinder – und ich liebe sie. Nur habe ich für mich gelernt, dass es eigenständige Wesen sind, die selbst ihr inneres Wesen finden und ihr Leben so gestalten sollen, wie sie es für richtig halten. Alle Mütter sind nur Kanäle für die Seelen, die auf Erden inkarnieren wollen.

Die Seele, also das Kind, suchte Dich als Mutter aus, und Du gabst dieser Seele das Versprechen, durch Dich zu inkarnieren. Mehr nicht. Du darfst diese Seele/dieses Menschenwesen, das durch Dich die Welt betrat, pflegen und ihr geben, was sie benötigt. Du darfst sie lieben und ihr aufzeigen, wo die Grenzen verlaufen.

Aber Du als Mutter solltest, ab einem bestimmten Alter, Dein Kind loslassen und Dein Glück und Dein Leben nicht von Deinem Kind abhängig machen.

Halte Dir vor Augen: Es ist ein eigenständiges Wesen, das auch die Macht und das Recht hat, seine Erfahrungen zu machen und das Leben selbst zu gestalten. Ich kann nur jedem raten, vor allem uns Müttern: Lebt nicht das Leben eurer Kinder, sondern lebt euer eigenes Leben.

Das ist der innere Widerstand von uns Müttern, den wir nur ganz schwer aufgeben und loslassen können. Das gilt auch für andere Situationen und Lebensbereiche. (Mein Motto ist: In alles, was schwer geht, gebe ich keine Energie hinein, und alles was leicht von der Hand geht, schaue ich an und lege Energie hinein.)

Darum ist es wichtig, den Widerstand in uns zu erkennen und worin dieser innere Widerstand seine Ursache hat, um ihn loszulassen.

Der erste Widerstand in uns ist: „Ich will!“ oder „Ich will nicht!“

Ein simples Beispiel dazu:

Im Sommer machte ich gerne die Fenster auf und ließ sie den ganzen Tag offen. Am Abend schimpfte ich wegen der Schwüle im Haus und konnte deswegen oft nicht schlafen. Alle sagten mir, ich solle die Fenster schließen und die Rollos herunterlassen. Das war für mich unvorstellbar. Ich dachte, die spinnen. Bei dem schönen Wetter alles dichtmachen. Nein, danke. Ich will nicht!

Bis ich mich eines Tages selbst hinterfragte: Probiere es doch einmal aus!“ Ich tat es, und siehe da, die Räume waren auch im Sommer kühl.

Ein anderes Beispiel:

Ein Gummiband. Man dehnt es und dehnt es aus, bis es reißt. Das Gummiband ist der Widerstand einer Sache.

Frage Dich, ob es Sinn macht, diesen Widerstand aufrechtzuerhalten. Was bringt Dir das wirklich?

Je stärker Du gegen etwas ankämpfst, desto schlimmer wird es. Ein guter Mensch sein zu *wollen*, baut einen Widerstand auf, wenn es noch nicht so ist. Gib den Widerstand auf und begib Dich in die Liebe Deines Herzens, denn Du kannst nichts rückgängig machen.

Mit diesen banalen Beispielen möchte ich aufzeigen, dass wir uns sehr oft in unserem Erdensein unser Leben selbst versalzen. Wir erschaffen alles. Wir sind diejenigen, die bestimmen, wie das Leben für uns aussieht. Wenn Du Dich ganz in Deiner Mitte befindest, ich meine ganz in der Mitte, zwischen Deinen beiden Gehirnhälften, in einem sogenannten „Flow-Zustand", wird Dir auf einmal klar werden, dass die ganze Welt eine Illusion ist. Eine Illusion des Egos, denn das Ego glaubt nur das, was es mit seinen physischen Augen sehen kann. Alles andere ist für das Ego nicht akzeptabel.

Dazu fällt mir eine Geschichte ein:

Ein Ehepaar unternimmt einen Ausflug. Der Mann plant ganz genau die Route seines Reiseziels. Er stellt sein Navigationsgerät mit dem Zielort ein. Er setzt genau fest, wo eine Fahrpause gemacht wird und wann wieder gefahren wird. Der Mann konzentriert sich ganz genau auf die Route. Die Frau nimmt es sehr gelassen, sie ist ja auch nur Mitfahrerin. Die Fahrt geht los. Das Navi zeigt dem Mann genau, wie er zu fahren hat. Plötzlich, aus heiterem Himmel, geht die Straße nicht mehr weiter. Vor ihnen ist eine Gabelung, die Straße geht entweder nach rechts oder nach links. Das Navi zeigt an, dass es geradeaus weitergeht, weil es die neue, geänderte Streckenführung nicht kennt. Der Mann kommt aus seinem Gleichgewicht und ist vollkommen irritiert. Er sagt zu seiner Frau: „Das kann nicht sein, das Navi zeigt an, dass es geradeaus geht. Wie kann das sein?" Er blickt ganz hilflos, verwirrt zu seiner Frau hinüber. In ihm baut sich ein Widerstand auf – das Navi muss doch Recht haben! Die Frau sagt: „Warte, ich frage die geistige Welt und bitte sie, mir den Weg zu zeigen." Der Mann schaut seine Frau mit großen Augen verdutzt an und ist noch mehr verwirrt als vorher. Seine Frau geht in ihre Mitte, in ihren Herz-Raum. Sie ruft geistig um Hilfe und bittet, ihr den Weg zu zeigen, den sie fahren müssen. Es zeigen sich ihr zwei Wege. Der eine Weg ist der Ort, wo sie schon immer einmal hin wollte, und der andere Weg zeigt ihr das Ziel, wo sie eigentlich hinwollen. Sie sah, dass ihre Freunde, mit denen sie sich verabredeten hatten, schon auf sie warteten. Die Frau bedankt sich im Stillen und sagt zu ihren Mann bestimmt: „Du musst nach links fahren." Er entgegnete ihr: „Woher weißt du das?" „Es ist doch ganz klar, die geistige Welt hat mir den Weg gezeigt, den wir fahren müssen. Denke nicht zu viel. Vertraue Dir und nicht dem Navi." Der Mann konnte es nicht fassen. Er verließ sich aber doch auf seine Frau, fuhr nach links ab – und sie erreichten das Ziel.

Der Widerstand zeigt sich im Äußeren. Das Ego mag es nicht wahrhaben, denn das Navi hat ja Recht. Das Ego ist verwirrt.

Das Gegenteil von Widerstand ist Annahme.

Widerstand	**Annahme**
geplagt	zugänglich
genervt	anpassungsfähig
alles infrage stellen	optimistisch
belastet	annehmbar

Bei einem zu starken *Wollen* bauen sich sehr viele innere Widerstände auf. Widerstände haben auch etwas mit Sich-verurteilen, mit Schuld und Ängsten zu tun.

2. Schuld und Verurteilen

Was sagt die geistige Welt darüber: „Schuld und Verurteilen sind eine Illusion des Egos."

Schuld und Sünde gibt es nicht, weil es eine Erfindung des Menschen ist. Das Gegenmittel dafür ist, alles Bedeutende unbedeutend zu machen.

Was bedeutet Schuld?

Wenn Du jemandem die Schuld gibst, wirst Du selbst der Schuldner, und so trennst Du Dich von Deinem inneren Kern, dem göttlichen Sein.

Wer wärest Du, wenn es keine Schuld geben würde, wenn es kein Ideal geben würde?

Dann wärst Du die Istheit!

- Du lebst in Deinem göttlichen Teil in Dir.
- Du agierst nur.

Schuld entsteht durch eine fehlgeleitete Information des Egos. Zum Beispiel sagten die Menschen früher, wenn es nicht regnete oder ein Vulkan ausbrach: „Wir sind schuld, weil... Wir müssen ein Ritual vollziehen oder ein Opfer darbringen, damit es regnet oder der Vulkan sich beruhigt." Sie haben sich diese Überzeugung selbst auferlegt, sich für etwas schuldig zu halten, wofür es keine Schuld gibt. Der Grund für den Vulkanausbruch oder das Ausbleiben des Regens liegt nicht in der Schuld eines Menschen.

Wenn Du beobachtest, wie das Wasser kocht bis es sprudelt, denkst Du: „Guter Herd." Ist es etwas Gutes oder etwas Schlechtes? Es ist der Zustand der Situation des Wassers. Es hat nichts mit Dir zu tun. Die Hitze des Herdes erwärmt den Topf, das Wasser wird immer heißer, bis es sprudelt. Das ist ein Zustand. Es gibt keine Schuld.

Nur das Ego projiziert Schuld und Verurteilung:

Der ist schuld, dass es mir so schlecht geht – Verurteilung
Die ist schuld, dass ich kein Geld mehr habe – Verurteilung
Der ist schuld, dass ich die Arbeit verloren habe – Verurteilung

Das ist die Projektion des Egos, um Schuld loszuwerden. Je mehr Du dem Ego zugestehst, alles in Schuld zu sehen, umso mehr kommst Du in einen Strudel hinein, aus dem Du nicht mehr herauskommst, weil Du Dich immer mehr von Deinem göttlichen Sein trennst.

Du ziehst Schuld an Dich heran und wirst letztendlich selbst zum Opfer. Weil das Ego so beharrlich ist, fällt es in die Opferrolle hinein. Weil es aber kein Opfer sein möchte, geht es in die Verurteilung. Was kann eine Verurteilung/Schuld in uns bewirken? Gewalt, Groll, Mangel an Vergebung und Einsamkeit.

Bei jeder Verurteilung eines anderen versucht unser Ego auf Kosten eines anderen sich besser zu fühlen. Wenn wir es nötig haben, in Verurteilung hineinzugehen und Wertungen abzulegen, dann befürchten wir, selbst nicht gut genug zu sein.

Ein Beispiel: Man hat selbst einige Kilo zu viel auf den Rippen und ist unzufrieden. Dann sieht man jemanden, der ungefähr genauso aussieht, denkt sich aber sogleich: „Na, der ist aber zu dick für seine Bekleidung.“ Schon fühlt man sich besser.

Verurteilungen und Schuldzuweisungen entfernen uns von unserem göttlichen Licht und von der Liebe. Wir verschleiern unser leuchtendes Licht und werden dadurch immer schwermütiger. Dadurch beginnt sich in uns eine Einsamkeit zu entwickeln, die dann noch selbstgemachte Ängste mit sich bringt.

Das Ego beharrt auf eine Schuld. Lässt Du Dich darauf ein, findet in Dir eine tiefe Spaltung von Deinem wahren göttlichen Seinszustand statt.

Ein weiteres Beispiel:

Stelle Dir eine Schallplatte vor, sie läuft ohne Ende. Sie dreht sich ganz frei, doch mit der Zeit kommen Kratzer hinein. Die Schallplatte bleibt hängen, und ständig hörst Du Wiederholungen. Diese Kratzer sind das Unterbewusstsein. Das Unterbewusstsein zeigt Dir immer wieder dieselben Irrtümer (Schuld, Verurteilungen) auf, und Du fällst immer wieder darauf herein und wiederholst Deine Irrtümer. Das ist der Widerstand, der sagt: „Ich will aber!“

Solange Du nach Schuldigen suchst, bekommst Du stets Dein Spiegelbild vorgesetzt. Du richtest Deine Aufmerksamkeit auf Schuldige oder Verurteilungen, also bekommst du das so lange, bis Du erkennst, dass es Dir nichts bringt.

Du kommst aus dieser Situation nur wieder heraus, wenn Du Dich neu ausrichtest und Deine Ego-Gedanken überwindest.

3. Ängste

Was sagt die Geistige Welt darüber: „Ängste sind Illusionen."

„Ängste haben nichts mit unserem wahren inneren Wesen zu tun.
Ängste werden bewusst gesteuert und gelegt."
„Angst raubt unsere Kraft und Vitalität.
Liebe ernährt uns und gibt uns Vitalität."

Die Aussage meint: Unser Geist hat zwei Seiten. Die eine Seite ist das Ego. Es ist wie ein Kind, das fordernd ist, zu Wutanfällen und Gefühlsausbrüchen neigt. Das Ego speist sich aus Angst.

Der zweite Teil des Geistes ist die Liebe oder das höhere Selbst, das erfüllt ist von der Gewissheit, ein Teil des Göttlichen zu sein. Es ist ruhig, respektvoll, leise, sanft und bringt die Liebe zum Ausdruck.

Derzeit leben wir in einer Welt, in der unser Ego mit Ängsten genährt wird, durch Nachrichten über Opfer von Terrorismus, Klimawandel oder Wirtschaftskrisen. Dazu kommt noch, dass wir bewertet werden oder uns selbst bewerten (Auto, berufliche Leistung, unser Zuhause oder was immer).

Betrachten wir uns objektiv, erkennen wir, dass sich die Angst wie ein dunkler Schleier über unser Leben ausbreitet. Es ist sehr leicht, das Ego zu nähren. Das höhere Selbst, das innere Wesen, zu nähren, fällt uns schwer. Doch es ist so einfach, etwa durch

Meditation, Selbstreflexion, Stille oder indem man Zeit bewusst in der Natur verbringt. Stille Beschäftigungen, die uns erlauben, unserer inneren Stimme zu lauschen. Widmest Du Dich diesen Dingen, wird Dir bewusst, dass Dein inneres Wesen aus Licht und Liebe besteht.

Vergleiche Dich mit einer Laterne (als Energiekörper). Das Licht in der Laterne leuchtet und leuchtet. Es zeigt Dir den Weg. Mit der Zeit wird die Laterne verstaubt und bekommt einen schmutzigen Schleier. Das Licht, das leuchtet, sieht man nicht mehr. Durch unangenehme Erfahrungen, Dogmatisierungen und Fremdsuggestionen entstehen Programme – durch die Programme entstehen Ängste und Panik. In diesem Augenblick werden wir von ausgesendeten Ängsten überlagert.

Es ist unsere Aufgabe, uns stets an unser inneres Licht zu erinnern und dies zu pflegen, dann wird sich alles auflösen. Du bekommst eine andere Sichtweise auf alle Dinge. Du hast jeden Tag neu die Wahl, Dein Licht zu erkennen und die Ängste aufzulösen. Was sind Ängste und Liebe?

Nehmen wir das Wort „Angst", dann denken wir an Dinge, die wir fürchten, wie Krankheit, Verlust von Arbeit, kein Geld, persönlicher Verlust, Weltkrise oder finanzieller Zusammenbruch. Durch die Medien werden die Ängste in uns programmiert und verstärkt.

Was sind angstvolle Gedanken und Gefühle?

Eifersucht, Gehässigkeit, Habgier, Einsamkeit, Wut, Argwohn, Panik, Mobbing, Mangeldenken, Kontrollsucht, Rachsucht, Unsicherheit … Das sind Teile menschlicher Erfahrung, Teile von Verletzungen/Programmierungen in unserem Leben. Ziel ist es, ängstliche Gedanken unseres Egos durch liebevolle Gedanken zu ersetzen, denn negative Erfahrungen, die wir im Laufe des Lebens gemacht haben, können nicht einfach aufgelöst werden.

Hier sind drei Schritte angebracht:

1. Beobachten
2. Akzeptieren
3. Lieben

Wenn wir das Wort „Liebe“ verwenden, denkst Du sofort an eine romantische Liebe oder an die Liebe, die wir unseren Kindern oder Haustieren entgegen bringen. Normalerweise kann man Liebe nicht in Worte fassen. Für mich ist die innere Liebe ein unbeschreibliches Gefühl, das tief in unseren Herzen verborgen ist. Die wahre Liebe in uns ernährt uns und fördert unsere Vitalität. Vielleicht kommen die Worte wie Mitgefühl, Freude, Frieden, Heiterkeit oder Lachen, also die Gefühle unseres Ursprungs, an das Gefühl der Liebe heran. Was sind liebende Gedanken? Dankbarkeit, Ehrlichkeit, Freude, Geduld, Vertrauen, Vergebung, Zufriedenheit, Heiterkeit, Freiheit, Friedfertigkeit oder Mitgefühl.

Das sind Erfahrungen des höheren Selbst und des inneren Lichtes in uns.

Also hat die Geistige Welt mit der Aussage „Angst ist eine Illusion“ vollkommen recht. Reinigen wir uns täglich von dem ganzen Ballast der äußeren Einflüsse und putzen sozusagen unsere Laterne, dann erstrahlt das Licht stetig hell, und wir wissen, was Liebe ist.

Sage dir: „Ängste sind Illusionen.“ Hinter jedem ängstlichen Gedanken stecken ein Mangel der Liebe und das vergessene Licht.

Ein Beispiel aus meiner Kindheit:
Als ich fünf oder sechs Jahre alt war, hatte ich Angst vor Unwetter, Gewitter, Blitz und vor Stürmen. Ich weiß es noch sehr gut

und kann mich an den Tag erinnern, an dem ich meine Angst davor verloren habe.

Es war ein sehr heißer Tag. Die Luft war sehr warm und schwer. An dem Tag war ich bei meinen Großeltern und spielte im Sandkasten im Garten. Ich baute für die Naturwesen, die sich im Garten befanden, eine Burg. Ich redete mit ihnen ganz unbefangen, erklärte ihnen, was ich vorhatte. Irgendetwas veranlasste mich, zum Himmel zu schauen, und da bekam ich mit, dass sich der Himmel verdunkelte und sehr düstere Wolken aufzogen. Ich roch und fühlte das schwere Unwetter kommen. Ich ließ alles stehen und liegen und rannte zu meinen Großeltern ins Haus hinein. Ich rief ihnen zu, dass ein Unwetter komme. Ich verkroch mich unter einer Decke. Ich spürte damals schon, dass sich meine Energiekörper verdunkelten und schwächer wurden. Mein Opa sagte zu mir, ziehe Deine Gummistiefel und den Regenmantel an, wir gehen jetzt hinaus.

Ich wehrte mich und wollte unter keinen Umständen mitgehen. Irgendwie überredete er mich. Ich zog mich an und ging zitternd an seiner Hand mit nach draußen. Wir gingen dahin, wo ich gerade noch gespielt hatte. Ich sah die Naturwesen, und sie riefen mir zu, ich bräuchte keine Angst zu haben. Angst sei nicht real. Ich solle mir das Schauspiel des Himmels ansehen. Mein Opa erklärte mir, wie das Gewitter zustande kommt, wie der Donner entsteht, warum es anfängt zu blitzen und wie Wind und Regen sich entwickeln. Er erklärte mir alles ganz genau und sagte mir auch noch, auf was ich achten sollte, wenn ich wieder einmal bei Gewitter hinausgehen würde.

Als ich dann begriffen hatte, wie so ein Unwetter entsteht, fand ich es auf einmal sehr schön, der Macht der Natur zuzusehen. Die Angst hatte sich in mir in Freude verwandelt. Mein Opa zeigte mir, wie man sich der Angst stellt und durch Wissen und Beobachten die Angst überwindet und verwandelt.

Er sagte zu mir, diese Worte habe ich mir sehr gut gemerkt: „Silvia, wenn Du Angst verspürst, dann schaue Dir die Angst genau an. Beobachte die Angst, hinterfrage sie, denn Dein inneres Wesen hat keine Angst, nur Freude und Liebe.“

Heute weiß ich, was er damit gemeint hat. Angst ist eine Illusion, so wie meine Lehrer sagen. Hinter der Angst verbirgt sich immer etwas, zum Beispiel fehlende Liebe, Widerstand, Zorn, Groll, Feindseligkeit, Verluste, Trennung, Schuld oder Kummer. Hinter all dem steckt auch das Gegenteil, wie Annahme, Bereitwilligkeit, Interesse, Begeisterung, Sicherheit, Eins-Sein, Ebenbürtigkeit und Gelassenheit, sich nicht so wichtig zu nehmen.

Was sagen Therapeuten und die Gehirnforschung über Ängste?

Es sollen bei uns angeblich zwölf Millionen Menschen unter Angst leiden. Alte, herkömmliche Methoden der Therapeuten sind langwierige Sitzungen, oder sie verschreiben den Betroffenen Antidepressiva. Die moderne Gehirnforschung sagt heute, dass Ängste wie eine negative Programmierung des Gehirns wirken: Negative Erlebnisse, Verletzungen oder das Missachten der Gefühle und das Ergebnis eines automatisierten negativen Gedankenprozesses. Durch die vielen negativen Gedanken, die das Gehirn speichert, reagiert der Körper mit Herzrasen, Schwindel oder Zittern. Experten der neuen Gehirnforschung empfehlen daher, das Gehirn neu zu programmieren und gewisse Übungen zu erlernen.

Was geschieht, wenn Menschen Besetzungen an den Energiekörpern haben und diese eine neue Programmierung behindern?

Das sollten Therapeuten überdenken. Wenn ein Mensch frei an seinen Energiekörpern ist, kommt er besser an seine Gehirnzellen und kann sich leichter neu programmieren. Durch die Befreiung bekommt er einen besseren Zugang zu seinem wahren Wesen. Der Therapeut hat es leichter, seine Therapie mit dem Patienten durchzuführen.

Mir ist aufgefallen, dass es Personen gibt, die nach der Reinigung der Energiekörper die neue, freie Energie um sich herum nicht annehmen können. Sie haben vor dem Neuen Angst.

Denjenigen empfehle ich, sich selbst zu hinterfragen. Dann sage ich zu ihnen, sie sollten mehr lachen. Es ist bekannt, dass Lachen das Gehirn anregt, und auch der Solarplexus wird aktiviert. Durch das Lachen atmet man tiefer. Das Blut und die Zellen bekommen mehr Sauerstoff und werden angeregt. Sogar die Rückenmarksflüssigkeit wird gestärkt und angeregt.

Also lache sehr viel, und Du wirst Dich besser fühlen.

Gedankenkontrolle

All das, was ich im vorangegangen Abschnitt beschrieben habe, über die Ängste, den Widerstand, die Schuld oder Verurteilung, ist bei allen Menschen eine Irreführung der Ego-Gedanken.

In meinem ersten Buch sagte ich schon, nur das Ego ist verletzlich und angreifbar. Das ist der Gegenspieler in uns. Das ist der innere Kampf. Unser bester Schutz liegt tief in uns.

Ich bin der Meinung, dass jeder lernen sollte, seine Gedanken und Gefühle zu beherrschen. Es ist nicht immer einfach, in der manipulierten Welt seine Gedanken zu beherrschen. Auch ich falle manchmal immer noch in das Ego-Denken hinein.

Vor vielen Jahren, als ich noch regelmäßig in geistigen Schulungen war, sagte mein Lieblingslehrer und Meister zu mir folgende Worte:

„Das Erfordernis der Wunschlosigkeit zeigt, dass der emotionale Astralkörper im Zaum gehalten werden sollte. Dasselbe gilt auch für den Mentalkörper.

Ich erläutere es Dir genauer: Man soll sein Gemüt beherrschen, um keinen Ärger und Ungeduld zu empfinden. Man sollte ferner seinen Verstand so kontrollieren, dass die Gedanken stets ruhig sind und ungestört verlaufen und die Nerven durch das Denken beherrscht werden, so dass sie möglichst wenig reizbar sind. Das zuletzt Genannte ist für Menschen besonders schwierig, weil die Körper durch die Vorbereitung zum Wandel sensitiver werden.

Die Nerven werden leicht durch Geräusche oder einen Schrecken gestört. Jeder solche Eingriff wird als Schmerz empfunden. Seine Gedanken und sein Gemüt zur Ruhe kommen zu lassen, dazu gehört Mut, um ohne Furcht den Prüfungen und Schwierigkeiten auf dem Pfad des Lebens standhalten zu können. Es erfordert Standhaftigkeit und Gleichmut, die zum Teil selbstgemachten Sorgen des täglichen Lebens leichter nehmen zu können. Sich nicht mit einer Unmenge kleiner, unbedeutender Dinge abzuquälen, mit denen viele Menschen den größten Teil ihrer Zeit verbringen.

Ich sage Dir, dass Kummer, Mühen, Krankheit und Verluste für Dich keine Bedeutung haben, Dir nicht das Geringste ausmachen und keine Störungen Deines Gleichgewichts, Deines Geistes und Gemüts hervorrufen dürfen. Wenn diese gestört werden, sind es nur die Folgen früherer Taten. Wenn sie an Dich herantreten, wirst Du wissen, dass Du sie freudig zu ertragen hast, indem Du Dir sagst, dass alles Übel vorüberbeigeht und Du stets die Pflicht hast, heiter und gelassen zu sein.

Sie gehören Deinem früheren Leben an, nicht diesem Leben. Du kannst sie nicht ändern, daher ist es unnütz, Dich darüber zu beunruhigen und auf Dein Ego zu hören. Denke lieber an das, was Du jetzt tust, denn das sind die Ursachen für die Schicksale Deines nächsten Lebens."

Das Fazit daraus lautet: Was Du denkst, das bist Du.

„Verliere Deine Selbstbeherrschung nicht so weit, dass Du trauriger oder getrübter Stimmung nachgibst; denn Niedergeschlagenheit ist ansteckend für andere Menschen und erschwert das Leben. Das solltest Du nicht tun. Wann immer eine solche Stimmung über Dich kommt, schüttele sie ab. Stelle Dir die Toilette vor und spüle alles hinunter. Lerne, Deine Gedanken zu beherrschen, dass sie, egal in welcher Situation Du bist, nicht abschweifen. Was immer Du tust, richte Deine Gedanken darauf, was Du gerade tust. Lasse Deinen Geist nicht müßig sein. Gebrauche Deine Gedankenkraft jeden Tag für gute Zwecke. Fördere die Entwicklung. Denke jeden Tag an jemanden, den Du in Sorge oder Leid weißt und der Deiner Hilfe bedarf. Auf ihn lass Deine liebenden Gedanken ausströmen.

Hüte Dein Gemüt vor Hochmut und Stolz. Dies entspringt nur der Unwissenheit. Der Nichtwissende drückt sich wortgewaltig aus. Der Weise weiß, dass nur die Gottheit in Dir groß ist und jeder jedes gute Werk nur durch Gott allein bewirkt."

Ich weiß, dass dies ein sehr langwieriger Prozess ist. Sobald einem bewusst wird, dass Gedankenkontrolle die aufkommenden Gedanken beherrschen kann, hast Du den wichtigsten Schritt getan.

Gedankenkontrolle meint die Aufgabe, den Widerstand aufzugeben.

Zum Beispiel sagt das Ego: „Gehe nicht zum Zahnarzt." Weil es Angst hat. Das göttliche Sein sagt: „Gehe hin und schaue, was passiert."

Es geht darum, die Gedanken zu kontrollieren, damit Du die wahre Wertigkeit erfährst. Für alles, was Dir widerfährt, gibt es einen Grund, sonst würde es Dir nicht begegnen. Das gibt Dir die Möglichkeit zu lernen. Wenn Du Deine Emotionen festhältst, dann hinterfrage Dich. Warum hältst Du sie fest? Bringst Du keine Emotionen ein, dann gibt es keine Wertigkeit mehr und sie verblassen. Es ist am Besten, sich selbst und andere nicht mehr so wichtig zu nehmen, denn alle Gedanken, ausnahmslos alle, sind bedeutungslos.

Jeder weiß: Der Geist beherrscht die Materie. Somit beherrschst Du Deinen Körper. Er ist wie eine Hülle oder ein Schiff für Deinen Geist und Deine Seele. Du bist nicht Dein Körper, Du bist ein

Geistwesen, das sehr mächtig und lichtvoll ist. Wenn Du Deinen Körper liebst, akzeptierst und ihm Deine Liebe schenkst, dann kannst Du ihm Befehle geben. Ob es um die Heilung geht oder darum, den Körperumfang zu reduzieren. Sehr viele vernachlässigen ihren Körper und ihren Geist.

Du räumst ja auch Dein Haus auf, pflegst und putzt es. Du legst Wert darauf, dass Dein Auto fährt, und pflegst es daher. Warum dann nicht Deinen Geist und Deinen Körper?

Wenn Dir bewusst wird, dass alles nur durch eine Illusion aus den Gedanken Deines Egos entsteht und Du nur Licht und Geist bist, dann wird sich das Bewusstsein öffnen, und Du wirst die Wahrheit erfahren, die frei macht. Somit hast Du Dir den besten Schutz aufgebaut, den Du besitzen kannst.

Wenn man seine Gedanken unter Kontrolle hat und nur in der Gegenwart lebt, erkennt man den Weg ganz klar und deutlich. Wir benutzen zu oft die linke Seite, den rationalen Verstand. Er bringt uns weg von unserem wahren Wesen. Er gaukelt uns etwas vor, das so nicht ist.

Es kommen auf einmal Gedanken in Dir hoch, ein Gedankenwirrwarr, die Waschmaschine ist im Vollwaschgang. Bilder, Gedanken aus Deiner Vergangenheit steigen auf, die Dich immer wieder plagen und Dich hinunterziehen in eine negative Energie, wie ein Sog in ein Loch. Dann kommen vielleicht Gedanken wie: Hätte ich doch dies gesagt oder jenes getan oder anders gehandelt. Man fängt dann an, nach Schuldigen zu suchen: Die Eltern sind schuld daran, wie ich bin. Die Lehrer, Freunde, meine Schulzeit, die Nachbarn sind schuld an meinem trüben Dasein. Durch diese negative Gedankenflut gerät man in einen Strudel, aus dem man selbst nicht mehr herauszukommen glaubt. Dann suchst Du nach der Lösung des Problems, findest keine und begibst Dich auf Hilfesuche. Dir wird vielleicht gesagt, dass Du ein Opfer bist, es mit Karma zu tun hat oder Du verflucht seist. Du kommst wieder in einen anderen Strudel hinein, der das Ganze noch mehr verschlimmert – und Du wirst angreifbar. Du probierst dies und jenes aus, aber nichts hilft, diese negativen Gedanken aus Deinem bisherigen Leben verschwinden zu lassen. Dann denke Dir in dem Moment einfach: Was ist in hundert Jahren? Wo bin ich dann?“ Dann sind aktuelle Probleme oder Situationen nicht mehr so wichtig. Betrachte sie gelassener. Durch Gelassenheit kommt Klarheit. Ich bin überzeugt, dass jeder diese Situationen oder diese Gedankenflut kennt. Es ist ganz einfach, an sich heranzukommen, zu sehen, was sich dahinter verbirgt und wie man es selbst abschalten kann.

Als Erstes solltest Du versuchen, den negative Gedanken-Wirrwarr, die Nervosität und die Unruhe etwas herunterzufahren. Um ruhiger zu werden und Klarheit zu bekommen, wende ich einen Trick an.

- Ich setze mich hin, atme ganz tief ein und aus und schließe meine Augen. Dann konzentriere ich mich auf etwas ganz vollkommen anderes. Wie zum Beispiel: Wassertropfen, Wasserpfütze, Bach, Plätschern, kleiner Fluss, großer Fluss, Fische, Steine, Meer, Salz, weite Sonnenspiegelung im Meer, kalt, warm, Horizont, azurblauer Himmel, Unendlichkeit – eins mit Wasser, Himmel und Sonne. Tief ein- und ausatmen und das letzte Bild festhalten. Das Salz des Meeres einatmen und sich nur auf die Atmung konzentrieren. Nach ein paar Minuten bist Du wieder ganz in Deiner Mitte und klar in Dir. Der Geist ist wieder frei.

Du kannst dir jegliche Dinge vorstellen, deren Ablauf einfach ist. Wie eine Blume oder wie Mehl gemahlen wird. Hier darfst Du nicht lange überlegen. Es sollte wie ein fortlaufender Film für Dich sein.

Bitte führe diese Übung nicht vor dem Schlafen durch.

Wenn diese Übung nicht helfen sollte, dann mache es Dir noch einfacher. Sage Dir eine Zeit lang folgenden Satz: „Alles, was ich denke, ist unbedeutend. Diese Gedanken haben keine Bedeutung."

Oder Du sagst zu Dir: „Welcher Gedanke kommt als Nächstes?"

Sage es Dir so oft wie möglich hintereinander.

So kommst Du nach einiger Zeit zu einem Null-Punkt, und Du trittst in die Leere ein. Lerne, Dich täglich freizumachen. Frei von allem zu sein, das ist die Leere des Geistes. Machst Du bewusst einmal diese Erfahrung, dann hast Du den ersten Schritt der Gedankenkontrolle gemeistert.

- Der nächste Schritt ist, Deine Gedanken, wenn sie wieder wie in einem Schwall kommen, zu hinterfragen. Wenn Du Dich zum Beispiel ständig fragst: „Wieso macht der Nachbar das so, man kann das doch einfacher machen?" Dann frage Dich selbst: „Was hat das mit mir zu tun? Brauche ich das, um glücklich zu sein?" Die spontane Antwort lautet: „Nein, das gehört nicht in mein Energiefeld!" Also kannst Du es ganz einfach loslassen oder so, wie ich das mache, im WC hinunterspülen!

So trickst Du Dein Ego aus. Es wird verwirrt, und plötzlich kommen keine Gedanken mehr hoch. Das ist eine gute Methode vor dem Einschlafen; denn oft treten da die verwirrenden Gedanken auf.

- Vielleicht denkst Du jetzt, wenn das nur so einfach wäre. Ich sage Dir jedoch: Das ist es. Sicherlich hast Du irgendein

Hobby, das Du gerne machst. Zum Beispiel im Garten zu arbeiten, die Beete zu verschönern, Blumen zu setzen oder Gemüse anzubauen. Konzentriere Dich einmal ganz auf diese Arbeit. Fühle die Erde. Wie fühlt sie sich an, wie fühlen sich die Setzlinge an, wie fühlen sich die Blätter an? Dir wird auf einmal auffallen, dass Du keine anderen Gedanken mehr hast. Du bist in der Leere und ganz in Dir.

- Wenn Du Dich am Morgen unter die Dusche stellst, dann tue dies einmal ganz bewusst. Fühle, wie das Wasser Deinen Körper berührt. Wie fühlt sich das an, wie fühlt sich die Seife auf Deinem Körper an, wie riecht die Seife und so weiter. Auch da wirst Du feststellen, dass Du keine anderen Gedanken mehr hast. Es ist einfach, seine Gedanken abzuschalten und sein Ego beiseite zu schieben, in die Mitte zu kommen und ganz bei sich zu sein.

- Wenn Dir Gedanken kommen oder eine Situation aus Deinem Leben, die für Dich sehr unangenehm war und sehr hinunterzieht, dann sei Dein eigener Beobachter und lasse es zu, dass Du Dir die Szene aus Deinem vergangenen Leben als Beobachter betrachtest. Schaue es Dir einfach an und lasse die Emotionen beiseite.

Hinterfrage Dich, ob das wirklich etwas mit Dir zu tun hat, dass Du nicht glücklich bist?

Dann sei Dir bewusst, dass Du nicht weißt, was sich Deine Seele vor Äonen von Zeiten herausgesucht hat, welche Erfahrung sie in diesem Leben machen will und was Du daraus lernen sollst. Wenn Du Dir das herausgesucht hast, Du Dir also genau das vorgenommen hast und es akzeptieren kannst, dann kannst Du Dir sagen: „Ok, das habe ich erlebt, und ich kann es nicht mehr rückgängig machen, das ist ein Teil aus meinem Leben. Egal, was damals passiert ist, was ich gesagt, getan oder nicht getan habe, es ist ein Teil von meinem Leben und gehört zu mir wie mein Atem. Dafür kann ich mich lieben. Ich liebe diesen Teil an mir, denn das bin ich – und dafür liebe ich mich."

Das ist der wichtigste Punkt, um loszulassen. Loslassen ist nichts anderes, als in die Gelassenheit und in das Vertrauen zu gehen. Der Sinn des Lebens ist die Entscheidung: Du hast entschieden.

Schwierigkeiten gehören zum Leben dazu. Sei dankbar dafür, nimm sie an und mache das Beste daraus. Schwierigkeiten sind dazu da, Weisheit zu erlangen.

In dem Moment, in dem man sich selbst dafür lieben kann, hat man losgelassen, und diese oder jene Situation wird nicht mehr hochkommen, weil das Unterbewusstsein mit der Liebe nicht viel anfangen kann. Für das Ego ist die wahre Liebe unbegreiflich. Das hat auch etwas mit unserem Gehirn zu tun. Die linke Gehirnhälfte, die rationale Seite, braucht Regeln, Genauigkeit und Planung. Die rechte Gehirnseite ist die intuitive, geistige Seite, die alles aus einer Weite betrachtet und schneller die Zusammenhänge aus der geistigen, göttlichen Sicht erkennt. Das Ziel ist es, die linke und die rechte Gehirnhälfte zusammenzuführen. Es geht darum, aus der Mitte heraus zu betrachten oder zu beobachten.

Meine persönliche Vorgehensweise, meine Vergangenheit aufzuarbeiten und loszulassen, geht über drei Schritte:

1. Schritt: Anschauen oder beobachten
2. Schritt: Annehmen und akzeptieren
3. Schritt: Sich selbst lieben

Du kannst es immer wiederholen, bis Dir klar geworden ist, dass Du selbst dafür verantwortlich bist, wenn Du Dich jeden Tag selbst hinunterziehst.

Der Unterschied zwischen einem Kind und einem Erwachsenen zeigt sich sehr gut am Morgen. Das Kind wacht auf und denkt: „Was für ein toller Tag! Was werde ich heute Tolles erleben und herausfinden? Welches Abenteuer erwartet mich?"

Ein Erwachsener wacht auf und denkt: „Oh, mein Gott, war das eine Nacht. Ich brauche sofort Kaffee." Er schaut in den Spiegel: „Ach du liebe Güte, wie schau ich denn aus. Na, der Tag fängt ja schon miserabel an."

Du hast es in der Hand, wie der Tag für Dich wird.

Hier noch einige Worte, die mir vor vielen Jahren meine geistigen Lehrer mitgeteilt haben, als ich dabei war, meine Gedankenkontrolle zu lernen:

„Überzeugung hält die Welt in Ketten!"

„Nichts außer Deinem Selbst kann die Welt erlösen!"

Die Überzeugungen sind machtvolle Gedanken. Die Gedanken, die Du denkst, sind mächtig. Die Illusionen, die Du hast, sind wirkungsvoll. Sowie Du Deine Wahrheit, Deine Gedanken hinterfragst, lässt Du in dem Moment los. Erst wenn alles infrage gestellt wird, kommt die Hoffnung auf Erlösung und Freiheit in Dir. Jedem steht es frei, den Geist zu erlösen. Dann werden sich auch die Gedanken ändern. Ist der Geist frei, dann hat die Quelle der Gedanken gewechselt, dann werden die negativen Gedanken gewechselt. Egal, was Du vorher und in der Vergangenheit gedacht hast. Das wird bedeutungslos – und Du bist frei.

Nur indem Du in der Gegenwart lebst, kannst Du dem Geist freien Lauf lassen, und es werden machtvolle Geschehen passieren in Deinem Leben. Die Welt wird befreit, wenn jeder in der Gegenwart lebt.

„Denken, was wahr, und fühlen, was schön, und wollen, was gut ist, darin erkennt der Geist das Ziel des vernünftigen Lebens."

Johann Gottfried von Herder

Gerade jetzt, wo die inneren Welten gereinigt werden und die Erde aufsteigt in eine höhere Dimension, geht das Loslassen und Manifestieren sehr schnell. Das Einzige, das uns daran hindert, ist der Verstand, das Ego. Dieser Teil von uns will in der alten Energie bleiben. Deshalb ist unser physischer Körper zurzeit manchmal so träge und langsam. Der physische Körper muss sich an die höheren Energien erst gewöhnen und reagiert zum Beispiel mit Knochen- und Gelenkbeschwerden, Kreislaufproblemen, Hautreaktionen, Schlafstörungen, Schwindelgefühlen oder einer Schwere.

Unser Mental- und Astralkörper kann die hohen Energien besser annehmen und speichern. Die alten und neuen Energien reiben sich und stoßen sich ab. Das, was vor einigen Jahren noch gut war, muss heute nicht mehr wirken. Auch die alten Gedanken haben in der Gegenwart nicht mehr die gleiche Wirkung wie einst. Große Denker, Philosophen, Therapeuten oder Heiler, die vor fünfzig Jahren Großes entdeckt haben, konnten den Leuten in der Vergangenheit helfen. In der Jetztzeit, mit der neuen, höheren Energie und dem neuen Wissen, müssen sie diese alten Thesen und Erkenntnisse ablegen.

Nehmen wir als Beispiel das *positive Denken.*

Noch in den Achtziger- und Neunzigerjahren war das positive Denken sehr angesagt. Es hieß:

Sage Dir:

- Ich bin reich
- Ich lebe in Reichtum
- Ich bin gesund – und Dir wird Reichtum und Gesundheit gegeben.

Aber Dein Ego und das Unterbewusstsein sagen Dir „Nein, Du arbeitest und arbeitest und am Ende bleibt nichts übrig!"

Das Unterbewusstsein zeigt Dir auf, dass Du nicht reich bist.

Wenn wir uns einreden: „Ich bin reich", dann sagen wir auch: „Ich bin arm." „Ich bin gesund", aber wir sagen auch: „Ich bin krank." Es liegt beides sehr nahe beieinander.

Werde Dir bewusst: Jeder besitzt das Recht, in Reichtum zu leben. Das ist ein neutraler Satz, und das Ego kann gar nichts mehr entgegensetzen, weil es das Recht eines jeden Menschen ist.

Dasselbe gilt für die Gesundheit. Der Körper zeigt und sagt Dir: „Hallo, hier tut es mir weh! Da ist etwas nicht in Ordnung!"

Werde Dir bewusst, dass Du Dich in Deinem Körper wohl und frei fühlst. Es ist das Recht eines jeden Menschen, dass er sich wohl und frei fühlt. Damit kann der Körper etwas anfangen.

Noch ein Beispiel, um es besser verständlich zu machen: „Ich schlafe gut. Es ist gut zu wissen, dass ich morgens ausgeruht und erholt erwache."

Wenn man mit Suggestion etwas erreiche möchte, dann sollte auf zwei Aspekte geachtet werden:

Erstens: Was Dein inneres Selbst aufnehmen kann.
Zweitens: Wie der Satz begonnen werden muss, damit er neutral ist.

Nicht an das zu denken, was Du nicht hast, sondern zu sehen, was Du schon besitzt. Wenn Du immer an das denkst, was Du nicht besitzt, ist das ein Mangeldenken. Darum sei dankbar für das, was ist. Freue Dich darüber.

Erkenne Dich

Betrachten wir Widerstand, Schuld, Verurteilung und Angst genauer. Das gehört zur Selbstreflexion.

Eine Selbstreflexion kannst Du nur souverän machen, wenn Dein Körper und Dein Geist frei sind. Ich vermittele jedem, dies nach einer Reinigung zu tun – frei von Anhaftungen und frei von jeglichem Gedankenmüll.

Die häufigste Frage vieler Klienten ist: „Kann ich mir wieder etwas einfangen?“

Es kommt darauf an, ob Du die Möglichkeit nutzt, in das Lichttor zu gehen, um Dein inneres Wesen zu erkennen und Deine machtvolle Energie und das Licht anzuerkennen. Dann wirst Du geschützt bleiben.

Meine Reinigungen sind einmalig und müssen nicht wiederholt werden. Sei Dir bewusst, was und wer Du bist. Sei Dir bewusst, Du bist mehr als der Körper und der Verstand. Du weißt, wir haben nicht nur eine Außenwelt, sondern auch eine innere Welt in uns. Betrachte das Leben wie ein Labyrinth. Wir suchen und suchen, und manchmal wissen wir gar nicht, nach was wir suchen; oder wir kommen aus dem Labyrinth nicht mehr heraus.

Wenn jemand das Glück sucht, sage ich: „Glück ist eine Einstellung zum Leben. Sie liegt in jedem von uns. Es ist unser Geburtsrecht, dass jeder in Glück, Wohlstand und Frieden leben kann. Stelle Dein Licht nicht unter den Scheffel, denn Du bist eine große, leuchtende Lichtwesenheit. Viel Wissen, darauf bin ich schon einmal eingegangen, ist in Dir verborgen, das erst jetzt, mit der hohen Schwingung und dem Wandel, hervorkommt. Du brauchst nur das Vertrauen in Dich.

Die Welt besteht nicht nur aus Logik, sonst könnten keine Wunder geschehen und könnte das, was ich mache – verstorbene Wesen in die Pforte des Lichtes zu bringen und Energiekörper zu reinigen – nicht funktionieren.

Das Ego möchte alles logisch verstehen.

Das Ego bringt uns auf den falschen Weg.

Das Ego gaukelt uns Illusionen vor.

Illusionen und acht Milliarden wahrhaftiger Egos.

Jeder von uns hat ein Ego. Wir brauchen es, um ein Auto fahren zu können (um z.B. zu unterscheiden, wenn die Ampel auf „Rot" schaltet) oder für das Verständnis der Mathematik. Das ist alles in Ordnung. Die Aufgabe von uns Menschen ist nur, das Ego zu erkennen und kleinzuhalten.

Leider sehe ich unter den Spirituellen auch viele große Egos. Sie sind der Meinung, sie müssten so viele Ausbildungen machen, um ihren Geist zu erweitern und noch mehr mit dem Göttlichen verbunden zu sein; um ihren Lebensplan und den Lebensweg zu erkennen und warum sie auf Erden inkarniert sind. Ihr Ego zeigt ihnen auf, welches Seminar oder welche Ausbildung sie unbedingt noch besuchen sollten. Dabei verkennen sie, dass sie sich immer mehr von ihrem inneren Wesen entfernen. Sie achten nicht mehr auf sich. Sie laufen etwas hinterher und achten gar nicht mehr darauf, welche Gabe und welches Wissen in ihnen verborgen liegt. Sie missbrauchen sich selbst und sind ein leichtes Opfer für Menschen, die mit der dunklen Energie arbeiten.

Meiner Meinung nach sollten wir alle lernen, mit uns selbst gewissenhaft umzugehen. Wenn jeder Mensch das erkennen würde, dann sähe die Welt ganz anders aus.

Durch die Körperreinigungen, die Entfernung von Anhaftungen, Verflechtungen, Vernetzungen und mentalen Beeinflussungen steht jedem eine Tür offen, um einmal hineinzusehen. Zu sehen, wer er ist, und die Möglichkeit zu nutzen, seinen ganzen Ballast an Widerständen und Ängsten zu erkennen und selbst davon loszulassen. Wenn er dann lernt, seine Gedanken neutral zu sehen und zu kontrollieren, hat er den besten Schutz.

Mein Ziel, unser Ziel ist es, dass Du Dein inneres Wesen und Deine Macht erkennst und Dein Licht stets strahlt. So baust Du den besten Schutz auf und kannst zu 100% sicher sein, dass der Schutz stetig bleibt. Dann hast Du den Vorteil zu erkennen, ob negative Gedanken oder Manipulationen einwirken. Weiter erkennst Du sofort, wenn Fremdenergien an Dich herankommen. Dazu gehört aber, dass sich jeder seiner Energie und Leuchtkraft bewusst wird.

Um sich seiner eigenen Energie bewusst zu werden, sollte man zuerst verstehen, wie sich Fremdenergien festsetzen. Du kennst sicher folgendes Phänomen:

Du triffst Dich mit Leuten, unterhältst Dich oder lädst Bekannte oder Freunde zu einem netten Kaffeeplausch ein. Dabei spürst Du, dass der eine oder andere Dich abstößt. Wenn Du wieder alleine bist, fühlst Du Dich schwer, Deine Wohnung fühlt sich schwer an und Du fühlst Dich ausgelaugt. Selbst in der Nähe oder Nachbarschaft von Menschen, mit denen Du Dich verstehst, bist Du aber, wenn Du Dich mit ihnen unterhältst, danach ausgelaugt oder fühlst Dich schwer. Du meinst vielleicht, dass Du Dir etwas eingefangen hast, sich an Deine Energiekörper etwas angehaftet hat. Ich glaube, jeder kennt solche Situationen.

Fremdenergien sind nicht gleich Besetzungen. Wie jeder weiß, sind wir mit allem, was existiert, verbunden. Alles ist Energie. Es gibt viele verschiedene Energien, denen wir tagtäglich ausgesetzt sind. Wie geht es vonstatten, dass wir uns so schnell, bewusst oder unbewusst, Energien, egal ob positive oder negative, einfangen? Ich versuche, es Dir so zu beschreiben, wie ich es sehe und wie es mir von meinen Lehrern gesagt wurde.

Jeder besitzt eine andere Energie. Du und Deine Freunde, ihr besitzt jeder eine eigene Energie. Dir Deiner Energie bewusst zu sein und diese anzunehmen, ist sehr wichtig, denn mit der eigenen Energie des Lichtes kannst Du Hervorragendes erschaffen, manifestieren und Dich selbst heilen.

Du bist zum Beispiel mit Bekannten zusammen – fünf Menschen mit unterschiedlichen Energien. Bei zwei Menschen ist der Ätherkörper verdunkelt, somit haben sie eventuell eine Anhaftung oder bringen viel negative Energiestrahlung mit. Die anderen zwei sind leuchtend und frei. Das heißt, die einen sind schwarz und die anderen sind golden. Die Schwarzen ziehen die positive, goldene Energie ab. Es sind aber nicht die Personen, die Energie ziehen, sondern die Anhaftungen. Als körperloses Wesen will ich mir doch gerne diese wundervolle Gold-Energie abziehen und mir holen, damit ich mich gut fühle.

Die beiden Energien (positive/negative) stoßen sich normalerweise ab. Sie sind konträr zueinander, und deshalb fühlen sich die Personen mit der Gold-Energie schwer. Du kannst Dir das wie mit zwei Magneten vorstellen. Wenn diese mit gleichen Polen aufeinandertreffen, stoßen sie sich ab.

Wenn sich Menschen treffen, von denen die einen Stärke, Vitalität und Kraft ausstrahlen, die anderen Ruhe, Frieden und Gelassenheit, gibt jeder dem anderen von seinen Energien, die ineinander fließen. Jeder profitiert vom anderen. Wie beim Magneten, wenn positiver und negativer Pol aufeinandertreffen.

Wenn ich Einkaufen gehe, sehe ich öfter Leute, die Anhaftungen an sich tragen, oder die Energien von Menschen, die eine Schwere aufweisen. Ich habe auch festgestellt, wie sich diese Energien in den Läden ausbreiten und die Leute wie gerädert aus den Geschäften kommen.

Dann gibt es noch ein Phänomen: Sehr sensitive Menschen spüren die Gedanken und Vorhaben ihrer Mitmenschen. Es ist wie Telepathie. Man nimmt Energien und Gedanken auf von anderen Menschen, die man kennt, und man weiß genau, was ihr Vorhaben ist. Das zeigt, dass alle miteinander verbunden sind. Denkt jemand an Dich, dann spürst Du das. Vor allem die Menschen, die in ihrer Spiritualität verankert und frei von Anhaftungen sind. Auch nach einer Reinigung beobachte ich oder bekomme entsprechende Rückmeldungen, dass die Personen sensitiver geworden sind. Das ist kein Nachteil, sondern ich sehe dies als Vorteil.

Ich möchte an dieser Stelle auch anführen, dass der Satz „Ich sehe in die Aura" oder „Ich sehe die Aura" nicht ganz richtig ist.

Jene, die die Aura sehen, sehen meistens nur den Ätherkörper. Der Ausdruck, *in die Aura gehen*, ist für mich Blödsinn und eine falsche Aussage, denn in dem Moment, in dem Du jemandem die Hand gibst oder berührst, berührst Du auch den Ätherkörper. Du gibst jemandem die Hand oder umarmst ihn, dann sind in dem Moment die beiden Körper miteinander verbunden. Man fühlt nicht nur den physischen Körper, sondern auch den Ätherkörper. So nehmen wir auch die positiven oder negativen Energien des anderen auf.

Als ich meine Lehrer darauf ansprach und sie fragte, wie man sich vor fremden Gedankenformen und negativen Energien schützen kann, lachten sie und meinten, dass dies sehr einfach wäre.

„Jedes Lebewesen hat seine eigene Energie, die es schützt. Gehe in Deine Energie und in die Energiefelder hinein. Spüre die Energie, die Du bist. Spüre Dein Energiefeld und beschreibe es."

Es fühlte sich so an wie ein Bachlauf. Stark und doch fein. Es strahlte von kristallinen Energien, und ich spürte die Strahlen wie die Sonne. Es lag Liebe darin.

„Gut, sei Dir dessen bewusst und verankere dies. Manifestiere

Deine erkannte Energie in all Deinen Zellen. Weitere Deine Energie aus, ganz weit, bis ins Unendliche."

Ich tue es. In diesem Moment bin ich ganz in der Mitte der Unendlichkeit. Ich fühle mich frei und beschützt.

Dann sagten sie mir, ich solle meinen physischen Körper verlasen und an einen Ort gehen, der sehr negative Energien ausstrahle.

Mein Gedanke galt dem Funkmast in unserer Nähe. Als ich dort war, bekam ich einen richtigen Schlag. Wie meine Lehrer mir sagten, weitete ich meine Energie ganz aus und erweiterte sie so sehr, bis ich bemerkte, wie diese negative Strahlung an mir abprallte. Sie war für mich jetzt nicht mehr schädlich. Es war für mich so, als wenn ich hinter einem Plexiglas stand und die Strahlen zurückgingen, wo sie hergekommen waren.

Ich probierte es sofort aus und ging dorthin, wo sich sehr viele Menschen in einem Geschäft aufhielten. Ich stellte mich mit meinem unsichtbaren Körper in die Menschenmenge und wiederholte die Ausweitung meiner Energien. Alle negativen Gedankenformen und Energien von Menschen und Geräten prallten sofort von mir ab und kehrten wieder zurück. Ich ging wieder in meinen physischen Körper hinein und wusste, dass jeder seinen natürlichen Schutz hat. Jetzt wurde mir auch klar, warum meine Lehrer darauf bestanden, nach jeder Körperreinigung eine halbe Stunde die Neuausrichtung des Schutzes der Person zu vollziehen.

In dem Moment, wo Du Dir bewusst bist, wie weit und groß Dein Energiefeld ist, bist Du geschützt und nicht mehr angreifbar. Sei Dir bewusst, wie groß Dein Energiefeld ist, und lerne Deine Energiekörper, den Äther-, Astral- und Mentalkörper kennen. Fühle Deine Energie, wie stark und mächtig sie ist, dann spürst Du Deinen eigenen Urschutz. So prallt alles von Dir ab.

Wie kommst Du in diesen Zustand und wie kannst Du es im täglichen Leben umsetzen?

Die nachstehende Meditation kann helfen, damit Du Deine Energiekörper besser spürst (weitere Meditationen kommen am Ende des Buches):

- Lerne, Dich immer wieder frei von Gedanken zu machen, so dass Du erkennst, was Deine Gedanken und was Fremdgedanken sind.
- Lerne, Dich zu entpersonifizieren, nimm Dich nicht mehr so wichtig. Lächele über Dich. Sieh Deinen Körper als Gefährten auf dieser Erdenebene. Wenn Du von hier gehst, brauchst Du den physischen Körper nicht mehr. Er ist nur eine kurze Zeit ein Gebrauchsgegenstand.
- Betätige Dich und tue es bewusst, egal um was es sich handelt, sei es Gartenarbeit oder Yoga. So machst Du Erfahrungen, gedankenfrei zu sein. Du kannst aus Deiner Mitte heraus agieren und Dich von allem Gedankenmüll befreien.
- Sei oft in der Stille und in der Natur. Nimm auch die Kraft der Sonne auf, wenn Du in der Natur oder im Garten bist. Werde Dir bewusst, was die Sonne macht! Wenn sie scheint, schaut sie auf die Erde und erhellt alles. Sie gibt uns Kraft, Stärke, Vitalität oder Gesundheit. Sie strahlt Ruhe, Frieden, Souveränität, Wachstum, Klarheit, Wärme, Reinheit, Liebe und Weisheit aus. Das ist es, was wir Menschen und jedes Lebewesen, auch die Pflanzen, auf Erden benötigen. Setze Dich in eine Ellipse – weite sie aus.

Benutze Deine ganze Gedankenkraft und konzentriere Dich auf die Sonne. Sei ein Teil der Sonne. Stelle Dich in die Sonne. Sage Dir, Du bist die Sonne, Du strahlst wie die Sonne. Verankere die Strahlen und die Leuchtkraft in Deinem Energiekörper und allen Zellen.

Das ist wie eine Verabreichung von Vitamin D3. Wenn Du Dir das nicht vorstellen kannst, dann sage Dir einen ganzen Monat jeden Tag unter der Dusche: Ich strahle wie die Sonne. Ich strahle Kraft, Stärke und Vitalität aus wie die Sonne. Ich strahle Gelassenheit, Frieden, Klarheit aus wie die Sonne. Ich strahle wie die Sonne.

Mache es Dir bewusst. Du wirst schon nach ein paar Tagen merken, dass Du emotional klarer wirst und leuchtender strahlst, Dich geschützt fühlst und ein Glücksgefühl in Dir aufsteigt.

- „Die Sonne ist Gottes Bild und Ebenbild im Geist und in der Klarheit."

  „Die Sonne, das Herz des Universums."

  „Die Sonne ist der beste Pädagoge, weil sie ein Vorbild darstellt."

Sonne bedeutet Leben. Sonne bedeutet Kraft, Stärke und Vitalität. Es gab viele alte Kulturen, die die Sonne angebetet haben. Auch heute noch beten Moslems Richtung aufgehende Sonne (Osten). Also können wir die Sonnenkraft für unsere Energiekörper nutzen und als Schutz zusätzlich verankern und manifestieren.

Da uns die Sonne auf der physischen Ebene teilweise entzogen wird, ist es wichtig, unserem Körper das Vitamin D3 zu verabreichen.

Dies alles heißt jetzt nicht, dass wir nur noch der Sonne nachstreben sollten, sondern wir sollen auch mit der Erde leben. Hier sind für mich Oktaeder oder Hexaeder gute Hilfsmittel.

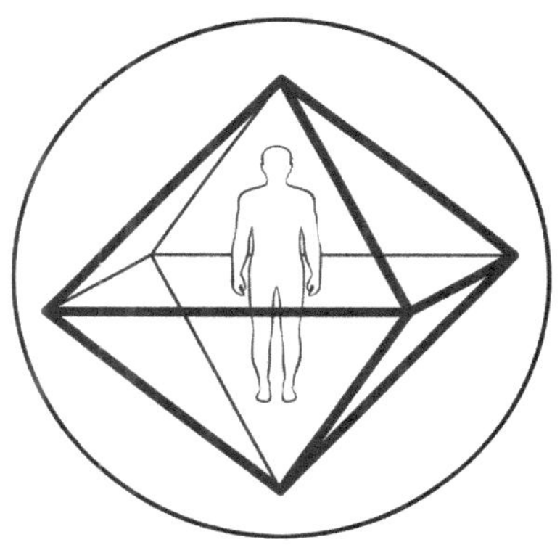

Oktaeder

Wenn Du Dich in einen Oktaeder hineinstellst, bist Du mit der Erde, mit dem Himmel und mit der Sonne verbunden.

Es besteht aus acht gleichgroßen, dreieckigen Flächen, hat zwölf gleich lange Kanten und sechs Ecken, die die Flächen zusammenhalten. Wir können es drehen und wenden, die Form bleibt immer gleich.

Im Oktaeder sind alle Elemente, Luft, Erde, Wasser und Feuer, enthalten. Auch unser Körper besteht aus diesen vier Elementen. Somit ist das Oktaeder ein ideales Hilfsmittel für unseren Körper.

Wer sehr gut visualisieren kann, stellt sich das Oktaeder nun als geistige Hülle um seine Energiekörper vor. „Wie geht das?"

Beginne oben beim Kopf. Ziehe links geistig eine schräge Linie vom Kopf herunter zur Hüfte, dann schräg herunter zu den Füßen. Von den Füßen aus rechts nach oben zur Hüfte und wieder schräg nach oben zum Kopf. Danach schräg nach hinten bis oberhalb des Gesäßes und wieder schräg nach unten zu den Füßen. Von dort vorne schräg nach oben, bis unterhalb des Nabel/ Sakral-Chakra. Danach verbinde die äußeren Ecken mit einer schrägen Querlinie, bis Du wieder vorne beim Sakral-Chakra angekommen bist, und vollende Dein Oktaeder mit der Linie schräg nach oben bis zum Kopf.

Nun weite das Ganze so weit, wie Du es Dir vorstellen kannst.

Dann stelle Dir um das Oktaeder eine Kugel vor. Achte darauf, dass die Kugel alle sechs Ecken berührt. Die Kugel verdichtet Deine Energie. Wenn Du das versuchen möchtest, dann spüre das erste Mal genau hin. Atme abwechselnd vom Himmel ein und von der Erde aus und umgekehrt. Spüre, wie Du Dich im Oktaeder fühlst. Fühlst Du Dich wohl, spürst Deine Energiekörper, Deine Energie und empfindest Dich geschützt, dann ist es für Dich das richtige Hilfsmittel, um Dich zusätzlich zu schützen.

Du kannst das Oktaeder auch einmal vor dem Schlafengehen um alle Energiekörper und Dein Bett zu ziehen. Schaue, was passiert!

Du kannst Deine persönliche Meditation im Oktaeder machen. Probiere es aus.

Wenn sich das für Dich nicht gut anfühlt, dann lasse es einfach. Denke darüber nicht nach.

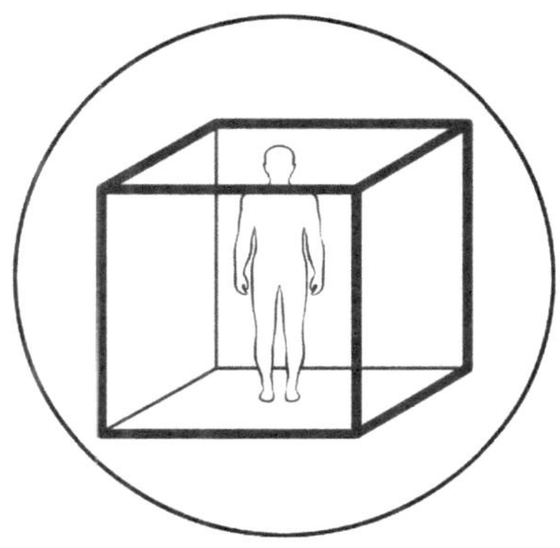

Hexaeder

Der Hexaeder besteht aus sechs quadratischen Flächen, acht Ecken und zwölf Kanten.

Der Aufbau ist sehr einfach:

Du fängst vorne an und ziehst ein Quadrat, dann auf der rechten Seite, der linken Seite und dann hinter Dir. Alle Quadrate verbindest Du dann oberhalb des Kopfes und der Füße. Dehne den Hexaeder so weit aus, wie Du es Dir vorstellen kannst. Dann ziehe eine Kugel darum und achte darauf, dass alle acht Ecken die Kugel berühren.

Über die Hexaeder-Form bist Du mit Mutter und Vater verbunden, denn es heißt: Die Kugel wird als Mutter der platonischen Körper gesehen und das Hexaeder als Vater.

Das Quadrat passt genau in die Kugel hinein. Ich weiß nicht genau, warum man das so sieht. Es könnte ein Geheimnis der Schöpfung sein. Ich weiß nur, dass das Hexaeder sehr gut erdet und schützt. Meditiere einmal darin und schaue, wie es Dir ergeht.

Erdung

In unserer heutigen Zivilisation leben wir in Häusern aus Stein und Beton, gehen auf betonierten Straßen, tragen Schuhe aus Plastik oder Leder und hüllen uns in Kleidung ein.

Häuser werden gebaut. Zuerst wird der Keller ausgehoben und betoniert. Dann kommen Deckplatten aus Beton darauf, und zuletzt wird mit Ziegelsteinen oder anderen Materialien das Haus errichtet. Wir schneiden uns immer mehr von der Erde ab – bewusst oder unbewusst.

Durch die zahlreichen Reinigungen von Menschen ist mir besonders aufgefallen, dass sehr viele nicht mehr geerdet sind. Wenn ich es anspreche, dann wissen zwar alle davon, aber sie tun nichts dagegen oder sie antworten mir: „Ich bin oft in der Natur, im Garten und ich mache meine Gartenarbeiten." Manche entgegnen mir, sie stellten es sich mental vor, dass sie mit der Erde verbunden seien.

Du kennst bestimmt die Übung *Füße verwurzeln mit der Erde*. Man konzentriert sich auf die Füße und stellt sich vor, wie aus den Füßen Wurzeln wachsen und tief in die Erde hineingehen. Bei Meditationen sitzt oder liegst Du. Achtest Du wirklich auf Erdung? Bist Du wirklich mit der Erde verbunden?

Es ist doch so, dass jeder sich mit dem göttlichen Sein verbindet, mit den Engeln und den göttlichen Meistern oder dem höheren Selbst. Jeder möchte unbedingt die Erfahrung machen, eine ganz starke Verbindung nach oben zu besitzen. Jeder!

Wir vergessen, dass wir hier auf Erden leben dürfen und uns

ausgesucht haben, auf Erden zu leben. Wir kommen aus fernen Sphären von unterschiedlichen Planeten aus dem Universum des Lichtes. Tief in unseren Herzen wissen wir über die Schwerelosigkeit des Seins: Wir fühlen es. Wir wollen auf dem Planeten Erde sein, weil wir das Wissen und die Möglichkeit haben, beides zu erfahren: Die Erdung und Anbindung nach oben.

Wie ich schon am Anfang gesagt habe, waren die Lemurier mit der Erde und dem Himmel verbunden, ohne dass sie viel Aufwand betrieben. Ähnlich wie wir heute. Unsere Füße sind dafür da, dass sie die Berührung mit der Erde spüren. Über die Füße nehmen wir die Erde wahr und nehmen die Energie der Erde auf. Diese Energie fließt über das Fuß-Chakra, Knie-Chakra und Wurzel-Chakra bis hoch ins Kronen-Chakra. Wenn Du geerdet bist, befindest Du Dich in Deiner Mitte, und aus der Mitte heraus bist Du automatisch mit „oben" verbunden. So kannst Du auch leichter Deine Energie und Deinen Körper spüren.

Mir wurde gesagt, dass man Erdung durch Wechselspannungen messen kann. Wenn Du auf der Wiese mit nackten Füßen sitzt, dann hast Du eine Wechselspannung von 0. Das heißt, 0 ist Erdung, und alles, was darüber ist, ist nicht geerdet. Wenn Du nicht geerdet bist, ist der Körper auf Spannung ausgerichtet. Somit können alle Strahlungen, wie Funk-, Radar-, Elektro- und Erdstrahlungen, in unseren Körper einfließen und ihn schädigen. Wir werden labiler, die Energiekörper schwächer und angreifbarer. Es heißt auch, dadurch werden Krankheiten ausgelöst; und Anhaftungen, Manipulationen sind leichter möglich.

Das Einfachste ist, so oft wie möglich mit nackten Füßen auf der Wiese zu laufen – und zwar so lange wie möglich.

Die Naturvölker sind ständig geerdet und somit auch ganz stark mit dem Göttlichen verbunden. Aus meiner Sicht sind sie die wahren spirituellen Vorbilder der gesamten Menschheit. Sie leben einfach, und aus der Einfachheit heraus sind sie mit der

Erde verbunden, mit den Elementen vereint. So nutzen sie ihre eigene Energie sowie die göttliche Kraft.

Als ich diese Zeilen geschrieben habe, saß ich unter meinem Kirschbaum. Meine Beine und Füße waren nackt. Ich spürte die Energie der Erde und des Baumes. Ich spürte die Luft, den leichten Wind auf meiner Haut und die Sonne, die mich wärmte. Ich spürte den Herzschlag der Erde, das Pulsieren. Es fand die Vereinigung der Erde, meines Körpers und meines Geistes statt. In dem Augenblick wurde mir klar, dass das vielleicht der Schlüssel ist, den ich seit Jahren gesucht habe.

Ist das der Schutz, der uns vor Anhaftungen und Strahlungen schützt?

Denkst Du immer an Deine Füße?

Wahrscheinlich nicht. Wenn Du Dir vorstellst, was die Füße alles aushalten müssen. Das Gewicht, immer eingezwängt in Socken und Schuhe, gerade in der Winterzeit. Intuitiv achte ich auf die Füße. Ich wasche meine Füße und bedanke mich stets bei ihnen. Es heißt, die Waschung der Füße bedeutet, etwas für den Körper zu tun.

Schon lange achte ich auf meine Füße, wenn ich von meinen Reisen zurückkomme oder mit meiner Meditation fertig bin. Ich beuge meinen Oberkörper nach unten und lege die Hände, nur mit den Fingerspitzen, neben meinen Füßen auf den Boden.

Ich hole mich ganz in meinen physischen Körper und sage dabei laut zu mir: „Ich hole mich ganz in meinen physischen Körper. Das ist mein Wille, das ist mein Gefühl und das ist meine Wahrheit.“ Dies wiederhole ich drei Mal hintereinander. Dabei richte ich meine ganze Aufmerksamkeit auf die Füße. Nach dem dritten Mal erlebe ich, wie ein Ruck durch meinen Körper geht, und ich bin wieder geerdet.

Dies sollte jeder, der Energiearbeit leistet, regelmäßig tun – sich erden. Dies dauert etwa ein bis zwei Minuten, dann wirst Du spüren, dass Du geerdet bist. Bei mir gibt es einen Ruck im Körper. Hast Du länger Zeit, dann mache Yoga-Übungen, Chi Gong oder Tai Chi.

Hierzu möchte ich fünf Entspannungsübungen vorstellen, die ich von meinem T`ai-Chi Lehrer Georg Hackl vermittelt bekommen habe. Der wiederum hat diese Übungen von seinem Meister, dem chinesischen Arzt Prof. Huang Shen-shyan in Singapur, übermittelt bekommen. Mit der Genehmigung von Georg Hackl darf ich die fünf Übungen seinem Buch *T`ai Chi Ch`uan eine Übung für Körper Geist und Seele* entnehmen, die meines Erachtens sehr gut geeignet sind für die Wirbelsäule und Erdung. Durch diese fünf Übungen kann man sich nicht nur entspannen, sondern auch sehr gut erden. Die fünf Entspannungsübungen basieren auf den T`ai-Chi-Prinzipien.

Ich halte mich ganz genau an die Beschreibungen meines Lehrers beziehungsweise seines Meisters. Ich sehe die schriftliche Ausführung von beiden als etwas kompliziert für den Laien an, daher versuche, ich die Übungen zusätzlich in meinen Worten zu veranschaulichen.

Alle fünf Übungen werden im Stehen, also in einer aufrechten Haltung, durchgeführt.

Sämtliche Bewegungen haben den Ursprung in der Taille. Dort befinden sich die Hauptantriebsfedern unseres Körpers. Die Bewegungen unserer Glieder sind langsam und kurz, die der Taille dagegen frei und lang.

Ausgangsposition:

Stelle Dich aufrecht hin. Achte darauf, dass die Fersen sich berühren und die Fußspitzen auseinander gerichtet sind. Dann gehe leicht in die Knie, verlagere Dein Körpergewicht auf den linken Fuß und mache einen seitlichen Schritt mit dem rechten Fuß, so dass Deine Füße schulterbreit nebeneinander stehen und entspanne Dich. Lasse Deine Arme ganz locker neben deinem Körper hängen. Senke Deine Knie, so als ob Du Dich hinsetzen würdest. Der Oberkörper ist aufrecht, die Schultern sinken lassen, Kopf gerade halten. Mein Lehrer hat mir immer gesagt: „Stehe wie ein Kleinkind da. Schlampig!“ Atme zuerst ein paar Mal tief ein und aus. Konzentriere Dich ganz auf Deinen Körper und Deine Füße.

Dies ist die Grundstellung für alle fünf Übungen!

Erste Übung: „Lockern des Körpers“

Gehe mit Deinem Becken leicht nach vorne, so, dass das ganze Körpergewicht auf dem Steißbein und den Beinen ruht.

Hebe beide Arme gleichzeitig seitlich hoch, so dass die Hände eine Linie mit den Schultern bilden. Dann mache eine leichte Rechtsdrehung. Dabei verlagerst Du Dein Körpergewicht auf den linken Fuß. Während dieser Drehung schwenkst Du den linken Arm nach hinten, Richtung rechte Schulter, und den rechten Arm nach vorne, zur linken Schulter. Dann wieder die Arme zur Seite heben, bis auf Schulterhöhe, und Drehung nach links, das ganze Gewicht auf den rechten Fuß verlagern, den rechten Arm nach hinten und den linken nach vorne. Finde dabei Deinen eigenen Rhythmus und Schwung.

Wiederhole diese Bewegung mehrmals etwa fünf Minuten lang und achte stets darauf, dass Deine Fuße schulterbreit bleiben.

Konzentriere Dich nur auf die Bewegung, und Du wirst bemerken, dass das Atmen sich auf die Bewegung einstellt.

Nach fünf Minuten bleibe ganz ruhig stehen und halte die Ausgangsposition. Denke an Deine Füße.

Zweite Übung: „Heben der Kraft"

Hebe wieder Deine Arme und Hände seitlich bis auf Schulterhöhe, dabei das Gewicht auf beide Füße legen. Die Arme nicht strecken, sondern locker lassen, dann, mit leichtem Schwung, Deine Arme über Brust und Schultern nach vorne kreuzen, so dass die Handflächen nach innen zeigen und Du sie in Augenhöhe anschauen kannst. Dabei gehst Du leicht in die Knie. Dann öffnest Du wieder die Arme mit Schwung seitlich bis auf Schulterhöhe und erhebst Dich. Mit jedem Sinken des Körpers und Beugen der Knie die Arme wieder mit Schwung kreuzen. Bei jedem Kreuzen der Arme sinkst Du langsam so weit in die Knie wie Du kannst. Dann schiebst Du bei jedem Öffnen und Kreuzen der Arme Deinen Körper langsam wieder nach oben. Achte darauf, dass der Oberkörper aufrecht bleibt. Man geht nur mit den Beinen und Hüfte nach unten und nach oben.

Diese Übung wieder fünf Minuten lang durchführen. Dann gehe zurück in die Ausgangsposition, richte Deine Aufmerksamkeit auf Deinen Körper und die Atmung. Du wirst jetzt schon merken, wie Deine Schultern locker werden und wie Du Dich geerdet fühlst.

Dritte Übung: „Lockern des Körpers"

Ausgangsposition einnehmen, Gewicht auf beide Füße legen. Den rechten Arm heben und das Gewicht auf den rechten Fuß legen. Arm senken und zur gleichen Zeit das Gewicht auf den linken Fuß verlagern und mit der rechten Hand leicht den Oberschenkel streifen, dabei hebt sich der linke Arm, Gewicht auf den rechten Fuß verlagern und mit der linken Hand den linken Oberschenkel streifen. Nun abwechselnd, wieder mit Schwungholen.

Diese Übung ebenfalls fünf Minuten durchführen.

Danach wieder zurück zur Ausgangsposition und kurz auf Deinen Körper achten.

Vierte Übung: „Heben der Kraft"

Stelle Dich in die Ausgangsposition.

Die Arme nach vorne heben und die Ellenbogen leicht sinken lassen. Die Hände sollen sich leicht berühren. So drehen, dass Du die Handinnenflächen mit Deinen Augen sehen kannst; dabei die rechten Finger leicht auf den linken Finger legen. Dann den Kopf an die Brust ziehen, die Hand in ihrer Position halten. Die Schultern leicht nach innen zusammenrollen, den Oberkörper nach vorne sinken lassen und dabei in die Knie gehen. Dann die Wirbelsäule einrollen und noch weiter nach unten sinken. Knie und Oberkörper so weit sinken lassen, dass die Ellenbogen fast die Knie berühren. Dann die Arme und Hände fallen lassen, bis die Fingerspitzen den Boden leicht berühren. Hände und Arme leicht ausschütteln. Nun die Hände und Arme an die äußere Seite der Füße legen. Jetzt, ganz langsam, wieder in die aufrechte Position hochgehen und ausrollen.

Diese Übung soll mit Bedacht und präzise ausgeführt werden.

Wiederhole das ganze sieben Mal hintereinander. Diese Übung ist sehr anstrengend, weil die Bewegungen so langsam wie möglich durchgeführt werden sollten.

Sie ist sehr effektiv, sie wirkt auf das ganze Meridiansystem und jeden der vierunddreißig Wirbel der Wirbelsäule. Sie ist sehr erdig.

Wenn Dir bei dieser Übung schwindelig wird, dann höre sofort auf und gehe zur nächsten und letzten Übung über.

Fünfte Übung: „Lockerer Körper"

Ausgangsposition einnehmen. Das Gewicht auf den linken Fuß verlagern, den rechten Fuß zur Seite drehen, ein Schritt zur Seite und ganz langsam das Gewicht auf den rechten Fuß verlagern. Den linken Fuß auf die Zehenspitzen stellen, leicht ausschütteln und dabei leicht das rechte Knie beugen. In dieser Haltung bleiben. Das Gewicht wieder auf den linken Fuß verlagern, rechten Fuß auf die Zehenspitzen stellen und leicht ausschütteln. Das linke Knie beugen und mit Hüfte und Gesäß nach unten sinken. Mache diese Bewegung vier Mal oder so lange, bis Du Dich nicht mehr weiter nach unten senken kannst. Dann werden die Bewegungen wiederholt, und bei jedem Schütteln des Fußes hebst Du das Gesäß und die Knie wieder nach oben. Dann gehst Du wieder zur Ausgangsposition zurück und wiederholst die Übungen auf der anderen Seite.

Diese letzte Übung dauert fünf bis acht Minuten.

Danach stelle Dich wieder aufrecht und erspüre, erfühle Deinen ganzen Körper. Vielleicht machst Du eine neue Körpererfahrung.

Du bist nach diesen fünf Übungen gut geerdet und fühlst Dich locker und erholt.

Es kann möglich sein, dass der eine oder der andere leichten Muskelkater bekommt.

Die Übungen können täglich ausgeführt werden. Sie dauern etwa zwanzig Minuten lang.

Wenn Du den Ablauf der Übungen in Deinem Körpersystem abgespeichert hast, so dass Du nicht mehr über die Reihenfolge nachdenken musst, dann kannst du dich voll und ganz auf Deine Füße und die Atmung konzentrieren.

Der Atemfluss wird so intensiv, dass Du spürst, wie der Atem bis zu Deinen Füßen hinunterfließt.

Probiere es für einen Monat aus. Wenn es Dir keinen Spaß macht, lasse es einfach.

Tipps und Ratschläge

Es gibt kein Patentrezept für Schutz oder Heilung. Jeder reagiert auf etwas anderes.

- Werde Dir Deiner Energie bewusst. Lerne, sie zu erfühlen und zu erkennen. Es ist wichtig für Deinen bleibenden Schutz, dass Du sofort erkennst, wenn negative Energien auf Dich zukommen. Du kannst dann sofort reagieren und entweder:
  - Die negative Energie verlassen und sofort Dein Energiefeld ausbreiten, so dass die negativen Energien abprallen.
  - Wenn Du spürst, dass Du von negativen Menschen oder besetzten Menschen umgeben bist, ist es am besten, wenn Du gehst.

- Hole Dir geistig die Sonnenenergie, nimm die Sonnenenergie in Deinem ganzen Energiekörper auf.

- Mache Deinen Geist täglich frei von allem Müll, egal ob es Gedanken, Bilder oder Worte sind. Am besten ist es, wenn Du morgens und abends alle Energiekörper reinigst. Ich mache es so: Nach meiner Sprechzeit stelle ich mich unter die Dusche und reinige mich, so wie ich es in meinem ersten Buch „Besetzungen“ beschrieben habe. Diese Reinigung ist sehr intensiv und ein sehr wichtiger Teil in meinem täglichen Leben.

- Oder Du reinigst Dich geistig. Gehe so vor, wie Du es am besten kannst. Anschließend mache die Übung der Erdung. Oberkörper nach unten beugen, Hände auf den Boden, und sage die Worte, die ich im letzten Kapitel beschrieben habe.

- Wenn Du mit der Licht-Energie-Kugel meines Mannes* arbeiten solltest, dann mache Folgendes: Lege Deine Kleidung auf die mittlere Kugel oder auf das Ufo, lasse die Kleidung über Nacht darauf liegen. Am Morgen, wenn Du die Kleidung wieder anziehst, wirst Du das Gefühl haben, dass sie sich wie frisch gewaschen anfühlt.

- Wenn Du Dich über jemanden ärgerst oder Dich einmal nicht so gut fühlst, dann sage zu Dir: „Ich bin im Glück. Egal was ich denke, was ich fühle und was passiert. Ich bin im Glück.“ Du kannst das Wort „Glück“ austauschen gegen „Liebe“ und „Vertrauen“. Du wirst sehen, wenn Du Dir diesen Satz mehrmals hintereinander sagst, bist Du plötzlich wieder in Deiner Mitte und nimmst alles gelassener.
  Es passiert, was passieren soll.

- Rufe Deinen Schutzengel, wenn Du Hilfe benötigst. Jeder Mensch auf Erden besitzt einen persönlichen Schutzengel, der stets bei ihm ist. Er kennt Deine Vorleben, Dein jetziges Leben, Deinen Lebensplan, einfach alles. Er kennt Dich besser als Du Dich selbst. Rufe ihn, ob Du den Namen kennst oder nicht. Sage ihm, was Du wünschst, und dann

* www.Energie-Kugel.de

musst Du Deinen Wunsch sofort loslassen. Bitte denke an etwas ganz anderes. Lasse Dich einfach führen und gehe in Dein Vertrauen. Mit Deinem Schutzengel kannst Du so reden wie mit einem besten Freund. Nur solltest Du ihm sagen, was Du wirklich willst.

Zum Beispiel:
Bitte, ich möchte nicht mehr krank sein.
Bitte, ich möchte nicht mehr allein sein.
Bitte, ich möchte nicht mehr arbeitslos sein.

Formulierst Du Deine Wünsche so, dann garantiere ich Dir, dass die Situation so bleibt, weil der Schutzengel das Wort „nicht" nicht kennt. Bittest Du ihn um Vitalität, Kraft und Stärke für jeden Tag, dann wird er Dir das erfüllen.

Es ist schön zu wissen, dass …
Es ist ein gutes Gefühl zu wissen, dass …
Es macht Freude zu wissen, dass …

- Jeder weiß, dass das ganze biologische System derzeit unter Stress steht. Dies liegt daran, dass sich eine enorme Veränderung der Erdenergie und im gesamten Sonnensystem ereignet. Der physische Körper ist langsam. Er merkt zwar die Veränderungen der Erdenergie und der höheren Strahlungen, kommt damit aber nicht zurecht. Der Körper reagiert darauf. Er zeigt an, was im Körper nicht stimmt, wo seine Schwachstellen liegen und wo er Hilfe benötigt.
  Das könnte sich beispielsweise so zeigen:
  - Schlafstörungen
  - Schwere im Körper
  - Knochen- oder Gelenkschmerzen

- Kreislaufstörungen
- Hautreaktionen
- Reizung des gesamten Nervensystems

Meine geistigen Lehrer empfehlen daher:

- leichte Kost
- so oft wie möglich in die Natur gehen, die Wald- und/oder Meeresluft einatmen
- leichten Sport wie Spazierengehen, Schwimmen, leichtes Muskeltraining
- Yoga, Tai Chi, Chi Gong
- dem Körper viel Flüssigkeit geben

- Mit dem Geist arbeiten
  1. Sei Dir bewusst, dass Du ein großartiges, leuchtendes, machtvolles Wesen bist. Du bist mehr als nur Dein Körper.
  2. Akzeptiere Dich und Deine Ist-Situation, so, wie sie ist, denn Schwierigkeiten gehören zum Leben dazu. Sei dankbar dafür und nimm sie an.
     Schwierigkeiten sind dazu da, um Weisheit zu entfalten.
  3. Werde Dir bewusst, dass Du bestimmst, wie Dein Tag verläuft, denn Du hast es in der Hand, ob der Tag trüb oder freudig und lichtvoll wird.

  Sage Dir, wenn Du morgens erwachst:
  Ich grüße den wundervollen neuen Tag.
  Ich grüße die Sonne und die Erde.
  Es wird für mich ein toller Tag.

Dann nimmst Du Dir das vor, was Du willst, was Du an dem Tag verwirklichen und wie Du ihn erleben möchtest.

Mein Schutzengel teilte mir Folgendes mit:
„Ich bin gekommen für die neue Zeit. Ich stehe für das neue Bewusstsein der Transformation der Menschen, Tiere, der Erde und für das neue Denken. Ich bin von den Allerhöchsten gesandt, um die Menschen zu stärken.
Ich liebe die Natur, die Tiere, Pflanzen, Bäume, Seen, Flüsse, Meere und Berge. Ich stehe den Urbewohnern dieser Erde sehr nahe und helfe ihnen, das uralte Wissen in die neue Zeit zu bringen.

Achte die Natur.
Achte die wertvollen Schätze, die Mutter Erde gibt.
Jetzt, wo sich der Planet Erde zu reinigen beginnt, werde ich gebraucht, und ich freue mich, helfen zu dürfen.
Gebt der Natur eure Liebe und geht mit der Natur bewusst um.
Ihr werdet sie noch brauchen…
Sei gesegnet in alle Ewigkeit."

Ich möchte noch etwas hinzufügen:
Wenn wir alle äußeren Widerstände, alle Schuld und Verurteilungen ablegen, wenn wir uns nicht mehr so wichtig nehmen und dafür mehr auf das Licht und unsere Macht achten würden, gäbe es keine Angst mehr, sondern mehr Liebe in uns Menschen. Die Tiere und die Natur leben uns das vor. Wir brauchen sie nur zu beobachten und es in uns umzusetzen.

Lebe im Hier und Jetzt und aus dem Herzen heraus, dann wird alles leichter und schöner.

Meditation

Diese Meditation wurde mir von meinen Lehrern mitgeteilt. Ich machte diese sehr oft und baute sie später für eine lange Zeit in meine tägliche Meditation ein.

Begib Dich in einen Raum oder an einen Platz, wo Du ungestört diese Meditation machen kannst. Zünde Dir eine Kerze an und platziere sie so, dass Du die Kerze von Deinem Platz aus gut anschauen kannst.

Lege oder setze Dich bequem hin. Atme ganz tief ein und aus. Beim Ausatmen lasse einen Ton laut heraus und puste alles aus, was Dich erleichtert.

Wiederhole dies drei Mal.

Dann atme tief ein, halte kurz die Luft an und atme wieder aus, dabei lasse alle Gedanken und Gefühle heraus.

Wiederhole dies dreimal.

Während der Atmung schaue auf die Kerze, in die Flamme. Sei Dir bewusst, die Flamme symbolisiert den Geist, das Wachs der Kerze die Materie. Der Geist beherrscht die Materie. Du bist Geist. Du bist ein Lichtwesen.

Nun finde Deinen persönlichen Atemrhythmus, schaue tief in die Flamme hinein. Sei Dir noch einmal bewusst: Der Geist beherrscht die Materie, der Geist herrscht über den Körper.

Nimm die Flamme in Dir auf.

Schließe Deine Augen.

Ich nehme Dich jetzt mit auf eine Reise. Dein Körper ist ganz entspannt, bei jedem Ausatmen entspannst Du. Von den Füßen, Beinen, Hüfte, Bauch und Brustraum, Wirbelsäule und Halswirbel. Schultern, Arme, Hände, Kopf, alle Deine Muskeln, Venen, Adern, Organe sind ganz entspannt. Sei Dir bewusst, Du beherrschst die Materie, Du beherrschst Deinen Körper.

Lasse Dir Zeit.

Vor Dir erscheint eine Kugel. Ich nehme Deine linke Hand. Habe Vertrauen, komme mit mir. Ich lade Dich ein auf die Reise. Gemeinsam setzen wir uns auf die Kugel. Gemeinsam schweben wir im Raum, wo Dein Körper ganz entspannt liegt. Wir schauen uns Deinen Körper an, wie er entspannt daliegt, eingebettet in Licht. Du siehst oder spürst Deine Prana-Röhre, die von oben, an der Wirbelsäule vorbei, nach unten strahlt. Du bist mit Erde und Himmel verbunden. Du bist mit Gott/Vater und Gott/Mutter verbunden. Werde Dir dessen bewusst.

Fühle die Leichtigkeit in Dir.

Gemeinsam drehen wir uns um und schweben aus dem Raum hinaus. Du fühlst oder siehst die Häuser, die Bäume, Wiesen, Berge und Hügel. Wir schweben weiter hinauf, durch die Wolken hindurch. Dabei fühlst Du die Leichtigkeit und Freiheit um Dich herum. Spüre die Freiheit und die Leichtigkeit.

Wir bleiben auf einer Wolke stehen und schauen uns die Sonne und den azurblauen Himmel an. Dabei fühlst Du wieder die Freiheit und die Leichtigkeit um Dich und in Dir. Eine tiefe Ruhe breitet sich in Dir aus. Gemeinsam begrüßen wir die Sonne und lassen uns von ihr bestrahlen.

So wie die Sonne strahlt, strahlen auch wir.

So wie die Sonne Kraft und Stärke ausstrahlt, strahlen auch wir.

So wie die Sonne Vitalität und Wachstum ausstrahlt, strahlen auch wir.

So wie die Sonne Liebe und Freiheit ausstrahlt, strahlen auch wir.

Du empfindest jetzt Wärme und Liebe, eine tiefe Liebe, die Dir bekannt vorkommt. Du empfindest Liebe, Leichtigkeit, Freiheit und tiefe innere Ruhe.

Gemeinsam schweben wir weiter hinauf, ganz hinauf. Wir verlassen die Erdatmosphäre und steigen hinauf. Du siehst oder spürst die Planeten, den Kosmos. Ich halte immer noch Deine linke Hand. Du spürst und siehst die Sterne, die Planeten und den ganzen Kosmos, das Universum. Nach und nach empfindest Du die bedingungslose Liebe, die grenzenlose Freiheit, die Leichtigkeit und die tiefe Ruhe um Dich herum und in Dir.

Nimm dies alles in Dich auf, den Frieden, die Ruhe und Leichtigkeit und die vollkommene Liebe.

Du erinnerst Dich jetzt, was Du vor Äonen Zeiten warst – reines Licht und vollkommene Liebe. Wir schweben noch weiter nach oben, und Du nimmst alles in Dich auf und verankerst alles in Deinem Körper, in jeder Zelle Deines Körpers.

Spüre die Liebe zu Gottmutter und Gottvater.

Du bist verbunden.

Spüre die Liebe zu allen Menschen. Spüre die Liebe zu allen Menschen, die Dich enttäuschten oder verletzten. Spüre die Liebe zu den Menschen, die Dir nahe sind. Spüre die Liebe der Menschen, ganz gleich, wie sie aussehen, welche Hautfarbe sie haben, wo sie herkommen, wie sie leben und welchen Glauben sie haben.

Spüre die Liebe in jedem Menschen.

Du bist mit allem verbunden.

Spüre die Liebe zur Tierwelt. Du bist verbunden.

Spüre die Liebe zu den Tieren. Zu den Kriechtieren, zu den Vierbeinern, die ohne Fell und mit Fell, die großen und kleinen Tieren, die mit den Federn in den Lüften und die mit Schuppen im Wasser.

Spüre die Liebe zu allen Tieren.

Spüre die Liebe von allen Tieren.

Du bist mit allem verbunden.

Spüre die Liebe zur Pflanzenwelt. Du bist verbunden.

Spüre die Liebe zu den Pflanzen, die bis zum Himmel hinaufragen, die kleinen Pflanzen, die uns mit den verschiedenartigen Blüten, Formen und unterschiedlichsten Farbnuancen erfreuen. Den einzelnen Grashalm, die Wiesen, die Felder, die Wälder und die Liebe zur Erde, den Humus, spüre die nahrhafte Erde.

Spüre die Liebe der Pflanzen, was sie uns alles geben.

Spüre die Liebe zu allen Pflanzen.

Du bist verbunden. Du bist mit allem verbunden.

Spüre die Liebe zu den Steinwelten. Du bist verbunden.

Spüre die Liebe zu den Steinen, zu dem kleinen Kieselstein, zu dem großen Stein, zu den Steinfelsen und den Bergen, die hoch zum Himmel ragen.

Spüre die Liebe der Steine.

Spüre die Liebe zu den Steinen.

Du bist verbunden. Du bist mit allem verbunden.

Spüre die Liebe zu den Wasserwelten. Du bist verbunden.

Spüre die Liebe zum Wasser, zu den einzelnen Regentropfen, zu der kleinen Pfütze am Weg und denen auf den Straßen. Die Bächlein, die kleinen und die großen Flüsse, die Seen und die Meere. Spüre die Wellen, die großen und kleinen. Spüre das Wasser und seine Kraft. Spüre das Leben darin.

Spüre die Liebe des Wassers.

Spüre die Liebe zum Wasser.

Du bist verbunden. Du bist mit allem verbunden.

Spüre die Liebe zum Himmel, dem azurblauen und dem indigofarbenen Himmel.

Spüre die Sterne, die Sonne, die Wolken am Himmel.

Du bist verbunden. Du bist mit allem verbunden.

Spüre die Liebe zum Kosmos, der Sonne, zu den einzelnen Planeten und zum Universum.

Du bist verbunden. Du bist mit allem verbunden.

Spüre die vollkommene, bedingungslose Liebe zu allem.

Spüre die Liebe zu Gottvater und Gottmutter.

Spüre die vollkommene, bedingungslose Liebe zu Dir und Deinem Körper, zu den Organen, Gelenken, Adern und zum Herzen.

Spüre die Liebe zu Dir und sei Dir bewusst, dass Du mit allem verbunden bist.

Spüre Ätherkörper, Astralkörper, Mentalkörper, Kausalkörper bis zum Seelenkörper. Sei Dir bewusst, dass Du Dich selbst erschaffen hast. Sei Dir bewusst, dass Du bei der Schöpfung und Manifestation dabei warst. Du bist ein Teil von Allem.

Spüre die Liebe, den Frieden, die tiefe Ruhe und die Leichtigkeit in Dir und um Dich herum.

Lasse alles in Dich hineinfließen und verankere alles in Deinen Zellen.

Du sitzt auf Deiner Kugel, und ich halte immer noch Deine linke Hand. Gemeinsam schweben wir weiter nach oben. Du siehst oder spürst Farben in den verschiedensten Nuancen. Jetzt gebe ich Dir eine Kelle in Deine rechte Hand. Du darfst jetzt alle die Farben in Deine Prana-Röhre hineinschöpfen. Fülle sie voll. Alle Farben stärken Deine Energiekörper. Sei nicht zu zaghaft. Schütte sie mit den Farben voll Rot, Gelb, Orange, Grün, Blau, Violett, Weiß, Silber, Gold und Türkis.

Spüre, wie die Farben vom Seelenkörper bis zum Ätherkörper und physischen Körper hineinfließen.

Verankere das ganze Farbspektrum in Dir.

Nun ist es gut, und ich nehme Dir die Kelle wieder ab. Jetzt lasse ich Dich kurz los. Fühle die Weite, fühle den Kosmos, die Planeten, die Sterne, die Sonne, den Mond, die Erde und das Wasser, die Steine, die Pflanzen, die Tiere und alle Menschen. Fühle, spüre die Liebe und die Verbundenheit von Gottvater und Gottmutter. Fühle Deinen Körper, auch den Astral-, Mental- und Kausalkörper. Fühle die Weite und die Größe und Deine wunderbare Liebe in Dir und erspüre, wie stark und mächtig Du bist.

Du weißt, dass Du mit allem verbunden bist. Du bist alles. Du bist Liebe. Nur die Liebe ist die einzige Wahrheit, alles andere ist eine Illusion. Du bist.

Du wirst geliebt. Lasse Dich von Deinem Schutzengel, Deinem geistigen Führer und Deinem höheren Selbst tragen und umarmen. Du wirst geliebt. Du bist nie allein. Du bist mit allem verbunden. Zeit und Raum existieren für Dich in dem Moment nicht mehr.

Genieße, fühle und liebe. Nimm alles, was Du an Liebe, Freiheit, Kraft, Stärke und Licht bekommst. Halte es in Dir und speichere es in allen Zellen Deines Körpers ab.

Nun nehme ich Dich wieder an die Hand, und langsam schweben wir nach unten. Langsam verlassen wir die Sphären und schweben über den Wolken. Wir sehen uns die Sonne und den azurblauen Himmel an. Erspüre noch einmal tiefe Liebe, Frieden, Ruhe und die Leichtigkeit um Dich herum und in Dir.

Jetzt schweben wir durch die Wolken hindurch, sehen oder spüren den türkisblauen Planeten Erde. Immer tiefer schweben wir. Jetzt kommt wieder das Raum- und Zeitgefühl. Wir sehen die Bäume, die Berge, die Wiesen, die Felder, die Gewässer und Dein Haus, in dem Du lebst.

Gemeinsam schweben wir in den Raum, in dem Dein Körper ganz entspannt liegt. Jetzt ist der Augenblick gekommen, an dem

Du wieder in Deinen Körper gehst. Dein Geist geht in den Körper.

Jetzt lasse ich Deine linke Hand los und verabschiede mich.

Atme tief ein und aus.

Sage zu Dir: „Ich hole mich ganz in meinen physischen Körper. Das ist mein Wille, das ist mein Gefühl und das ist meine Wahrheit.“

Strecke Dich, bewege Dich und wiederhole den Satz sieben Mal und atme dabei ganz bewusst.

Danksagung

Als Erstes möchte ich mich bei meinem Ehemann Michael bedanken, dass er stets hinter mir stand und mich motiviert hat, dieses zweite Buch zu schreiben. Geduldig hörte er mir zu, wenn ich ihm von meinen vielen Reisen erzählte. Seine Bereitschaft, mir seinen Rat und seine Hilfe zu geben, hat mir sehr geholfen. Er ist für mich jeden Tag ein Geschenk, das mir Kraft gibt.

Als Zweites möchte ich mich bei meiner lieben Freundin Renate bedanken, die mich bei beiden Büchern sehr unterstützt hat.

Dann möchte ich den vielen Menschen aus allen Ländern danken, die das erste Buch gelesen haben und erkannten, dass es die andere Seite gibt und sie nicht verrückt sind mit ihren Gefühlen, die sie blockieren. Durch den Ansturm erkannte ich, dass ich ein zweites Buch schreiben musste, um noch mehr aufzuklären.

Dank an meine geistigen Lehrer und Meister, die mich geschult haben und sehr viel Geduld mit mir hatten, bis ich endlich verstand, dass es mein Lebensplan ist, lebenden und verstorbenen Menschen und Tieren zu helfen.

Meine Dankbarkeit und meine Liebe gilt Michael, Renate und meinen Lehrern und Meistern.

Danke für die Kraft der Liebe!

Die Autorin ist unter folgender E-Mail erreichbar:
adrianus@email.de

Schriftliche Anfragen (bitte mit Rückporto):
Silvia Stolzmann
Mobil-Oil-Str. 37b
84539 Ampfing

Besetzungen
Sich Von Fremdeinflüssen befreien und wirksamen Schutz aufbauen
Silvia Stolzmann
Paperback
ISBN 978-3-89427-683-6

In allen Kulturen findet man das Wissen um Wesen, die sich in einer erdnahen Sphäre aufhalten und Menschen aus verschiedenen Gründen negativ beeinflussen. Manche, zumeist ehemalige Erdenbürger, haben noch nicht erkannt, dass sie verstorben sind. Sie bleiben ihrer alten Umgebung verhaftet und irren verwirrt umher. Andere wiederum, zumeist einstige Menschen, die einer Sucht erlegen waren, versuchen sich an die noch Lebenden anzuhängen, um auf irgendeine Weise eine Befriedigung ihrer Süchte zu erlangen. Neben diesen beiden häufig auftretenden Fällen gibt es allerdings noch jene extrem negativen und bösartigen Wesen, die aus ihrer dämonischen Einstellung heraus versuchen, auf der Erde größtmöglichen Schaden anzurichten. Silvia Stolzmann arbeitet seit Jahren in ihrer Praxis daran, ihre Klienten von diesen negativen Kräften zu befreien und sie selbst oder ihre Umwelt wieder mit einer heilsamen Atmosphäre zu umgeben. Sie schildert in diesem Buch ihre Arbeit, beschreibt die einzelnen Wesen und ihre Möglichkeiten zur Einflussnahme und zeigt Wege auf, wie man sich von einer solchen Beeinflussung zu befreien beziehungsweise grundsätzlich zu schützen vermag. Ein aufrüttelnder Ratgeber, der deutlich macht, dass es auch eine „dunkle Seite des Lebens“ gibt!

VON FREMDEINFLÜSSEN
FREI WERDEN